DEENS
WOORDENSCHAT

THEMATISCHE WOORDENLIJST

NEDERLANDS DEENS

De meest bruikbare woorden
Om uw woordenschat uit te breiden en
uw taalvaardigheid aan te scherpen

5000 woorden

Thematische woordenschat Nederlands-Deens - 5000 woorden
Door Andrey Taranov

Woordenlijsten van T&P Books zijn bedoeld om u woorden van een vreemde taal te helpen leren, onthouden, en bestudering. Dit woordenboek is ingedeeld in thema's en behandelt alle belangrijk terreinen van het dagelijkse leven, bedrijven, wetenschap, cultuur, etc.

Het proces van het leren van woorden met behulp van de op thema's gebaseerde aanpak van T&P Books biedt u de volgende voordelen:

- Correct gegroepeerde informatie is bepalend voor succes bij opeenvolgende stadia van het leren van woorden
- De beschikbaarheid van woorden die van dezelfde stam zijn maakt het mogelijk om woordgroepen te onthouden (in plaats van losse woorden)
- Kleine groepen van woorden faciliteren het proces van het aanmaken van associatieve verbindingen, die nodig zijn bij het consolideren van de woordenschat
- Het niveau van talenkennis kan worden ingeschat door het aantal geleerde woorden

Copyright © 2016 T&P Books Publishing

Alle rechten voorbehouden. Niets uit deze uitgave mag worden verveelvoudigd, opgeslagen in een geautomatiseerd gegevensbestand en/of openbaar gemaakt in enige vorm of op enige wijze, hetzij elektronisch, mechanisch, door fotokopieën, opnamen of op enige andere manier zonder voorafgaande schriftelijke toestemming van de uitgever. U mag dit boek niet verspreiden in welk formaat dan ook.

T&P Books Publishing
www.tpbooks.com

ISBN: 978-1-78492-342-6

Dit boek is ook beschikbaar in e-boek formaat.
Gelieve www.tpbooks.com te bezoeken of de belangrijkste online boekwinkels.

DEENSE WOORDENSCHAT
nieuwe woorden leren

T&P Books woordenlijsten zijn bedoeld om u te helpen vreemde woorden te leren, te onthouden, en te bestuderen. De woordenschat bevat meer dan 5000 veel gebruikte woorden die thematisch geordend zijn.

- De woordenlijst bevat de meest gebruikte woorden
- Aanbevolen als aanvulling bij welke taalcursus dan ook
- Voldoet aan de behoeften van de beginnende en gevorderde student in vreemde talen
- Geschikt voor dagelijks gebruik, bestudering en zelftestactiviteiten
- Maakt het mogelijk om uw woordenschat te evalueren

Bijzondere kenmerken van de woordenschat

- De woorden zijn gerangschikt naar hun betekenis, niet volgens alfabet
- De woorden worden weergegeven in drie kolommen om bestudering en zelftesten te vergemakkelijken
- Woorden in groepen worden verdeeld in kleine blokken om het leerproces te vergemakkelijken
- De woordenschat biedt een handige en eenvoudige beschrijving van elk buitenlands woord

De woordenschat bevat 155 onderwerpen zoals:

Basisconcepten, getallen, kleuren maanden, seizoenen, meeteenheden, kleding en accessoires, eten & voeding, restaurant, familieleden, verwanten, karakter, gevoelens, emoties, ziekten, stad, dorp, bezienswaardigheden, winkelen, geld, huis, thuis, kantoor, werken op kantoor, import & export, marketing, werk zoeken, sport, onderwijs, computer, internet, gereedschap, natuur, landen, nationaliteiten en meer ...

T&P Books. Thematische woordenschat Nederlands-Deens - 5000 woorden

INHOUDSOPGAVE

| Uitspraakgids | 9 |
| Afkortingen | 11 |

| **BASISBEGRIPPEN** | **13** |
| Basisbegrippen Deel 1 | 13 |

1. Voornaamwoorden 13
2. Begroetingen. Begroetingen. Afscheid 13
3. Hoe aan te spreken 14
4. Kardinale getallen. Deel 1 14
5. Kardinale getallen. Deel 2 15
6. Ordinale getallen 16
7. Getallen. Breuken 16
8. Getallen. Eenvoudige berekeningen 16
9. Getallen. Diversen 16
10. De belangrijkste werkwoorden. Deel 1 17
11. De belangrijkste werkwoorden. Deel 2 18
12. De belangrijkste werkwoorden. Deel 3 19
13. De belangrijkste werkwoorden. Deel 4 20
14. Kleuren 21
15. Vragen 21
16. Voorzetsels 22
17. Functiewoorden. Bijwoorden. Deel 1 22
18. Functiewoorden. Bijwoorden. Deel 2 24

| Basisbegrippen Deel 2 | 26 |

19. Dagen van de week 26
20. Uren. Dag en nacht 26
21. Maanden. Seizoenen 27
22. Meeteenheden 29
23. Containers 30

| **MENS** | **31** |
| Mens. Het lichaam | 31 |

24. Hoofd 31
25. Menselijk lichaam 32

| Kleding en accessoires | 33 |

26. Bovenkleding. Jassen 33
27. Heren & dames kleding 33

28. Kleding. Ondergoed	34
29. Hoofddeksels	34
30. Schoeisel	34
31. Persoonlijke accessoires	35
32. Kleding. Diversen	35
33. Persoonlijke verzorging. Schoonheidsmiddelen	36
34. Horloges. Klokken	37

Voedsel. Voeding 38

35. Voedsel	38
36. Drankjes	39
37. Groenten	40
38. Vruchten. Noten	41
39. Brood. Snoep	42
40. Bereide gerechten	42
41. Kruiden	43
42. Maaltijden	44
43. Tafelschikking	45
44. Restaurant	45

Familie, verwanten en vrienden 46

45. Persoonlijke informatie. Formulieren	46
46. Familieleden. Verwanten	46

Geneeskunde 48

47. Ziekten	48
48. Symptomen. Behandelingen. Deel 1	49
49. Symptomen. Behandelingen. Deel 2	50
50. Symptomen. Behandelingen. Deel 3	51
51. Artsen	52
52. Geneeskunde. Medicijnen. Accessoires	52

HET MENSELIJKE LEEFGEBIED 54
Stad 54

53. Stad. Het leven in de stad	54
54. Stedelijke instellingen	55
55. Borden	56
56. Stedelijk vervoer	57
57. Bezienswaardigheden	58
58. Winkelen	59
59. Geld	60
60. Post. Postkantoor	61

Woning. Huis. Thuis 62

61. Huis. Elektriciteit	62

62. Villa. Herenhuis	62
63. Appartement	62
64. Meubels. Interieur	63
65. Beddengoed	64
66. Keuken	64
67. Badkamer	65
68. Huishoudelijke apparaten	66

MENSELIJKE ACTIVITEITEN	67
Baan. Business. Deel 1	67
69. Kantoor. Op kantoor werken	67
70. Bedrijfsprocessen. Deel 1	68
71. Bedrijfsprocessen. Deel 2	69
72. Productie. Werken	70
73. Contract. Overeenstemming	71
74. Import & Export	72
75. Financiën	72
76. Marketing	73
77. Reclame	74
78. Bankieren	74
79. Telefoon. Telefoongesprek	75
80. Mobiele telefoon	76
81. Schrijfbehoeften	76
82. Soorten bedrijven	76

Baan. Business. Deel 2	79
83. Show. Tentoonstelling	79
84. Wetenschap. Onderzoek. Wetenschappers	80

Beroepen en ambachten	82
85. Zoeken naar werk. Ontslag	82
86. Zakenmensen	82
87. Dienstverlenende beroepen	83
88. Militaire beroepen en rangen	84
89. Ambtenaren. Priesters	85
90. Agrarische beroepen	85
91. Kunst beroepen	86
92. Verschillende beroepen	86
93. Beroepen. Sociale status	88

Onderwijs	89
94. School	89
95. Hogeschool. Universiteit	90
96. Wetenschappen. Disciplines	91
97. Schrift. Spelling	91
98. Vreemde talen	92

Rusten. Entertainment. Reizen	94
99. Trip. Reizen	94
100. Hotel	94

TECHNISCHE APPARATUUR. VERVOER	96
Technische apparatuur	96
101. Computer	96
102. Internet. E-mail	97
103. Elektriciteit	98
104. Gereedschappen	98

Vervoer	101
105. Vliegtuig	101
106. Trein	102
107. Schip	103
108. Vliegveld	104

Gebeurtenissen in het leven	106
109. Vakanties. Evenement	106
110. Begrafenissen. Begrafenis	107
111. Oorlog. Soldaten	107
112. Oorlog. Militaire acties. Deel 1	108
113. Oorlog. Militaire acties. Deel 2	110
114. Wapens	111
115. Oude mensen	113
116. Middeleeuwen	114
117. Leider. Baas. Autoriteiten	115
118. De wet overtreden. Criminelen. Deel 1	116
119. De wet overtreden. Criminelen. Deel 2	117
120. Politie. Wet. Deel 1	118
121. Politie. Wet. Deel 2	119

NATUUR	121
De Aarde. Deel 1	121
122. De kosmische ruimte	121
123. De Aarde	122
124. Windrichtingen	123
125. Zee. Oceaan	123
126. Namen van zeeën en oceanen	124
127. Bergen	125
128. Bergen namen	126
129. Rivieren	126
130. Namen van rivieren	127
131. Bos	127
132. Natuurlijke hulpbronnen	128

De Aarde. Deel 2 130

133. Weer 130
134. Zwaar weer. Natuurrampen 131

Fauna 132

135. Zoogdieren. Roofdieren 132
136. Wilde dieren 132
137. Huisdieren 133
138. Vogels 134
139. Vis. Zeedieren 136
140. Amfibieën. Reptielen 136
141. Insecten 137

Flora 138

142. Bomen 138
143. Heesters 138
144. Vruchten. Bessen 139
145. Bloemen. Planten 140
146. Granen, graankorrels 141

LANDEN. NATIONALITEITEN 142

147. West-Europa 142
148. Centraal- en Oost-Europa 142
149. Voormalige USSR landen 143
150. Azië 143
151. Noord-Amerika 144
152. Midden- en Zuid-Amerika 144
153. Afrika 145
154. Australië. Oceanië 145
155. Steden 145

UITSPRAAKGIDS

Letter	Deens voorbeeld	T&P fonetisch alfabet	Nederlands voorbeeld
Aa	Afrika, kompas	[æ], [ɑ], [ɑː]	acht, maart
Bb	barberblad	[b]	hebben
Cc	cafe, creme	[k]	kennen, kleur
Cc [1]	koncert	[s]	spreken, kosten
Dd	direktør	[d]	Dank u, honderd
Dd [2]	facade	[ð]	Stemhebbende dentaal, Engels - there
Ee	belgier	[e], [ə]	zeven, zesde
Ee [3]	elevator	[ɛ]	elf, zwembad
Ff	familie	[f]	feestdag, informeren
Gg	mango	[g]	goal, tango
Hh	høne, knurhår	[h]	het, herhalen
Ii	kolibri	[i], [iː]	bidden, lila
Jj	legetøj	[j]	New York, januari
Kk	leksikon	[k]	kennen, kleur
Ll	leopard	[l]	delen, luchter
Mm	marmor	[m]	morgen, etmaal
Nn	natur, navn	[n]	nemen, zonder
ng	omfang	[ŋ]	optelling, jongeman
nk	punktum	[ŋ]	optelling, jongeman
Oo	fortov	[o], [ɔ]	overeenkomst, bot
Pp	planteolie	[p]	parallel, koper
Qq	sequoia	[k]	kennen, kleur
Rr	seriøs	[ʁ]	gutturale R
Ss	selskab	[s]	spreken, kosten
Tt	strøm, trappe	[t]	tomaat, taart
Uu	blæksprutte	[uː]	fuut, uur
Vv	børnehave	[ʊ]	als in Noord-Nederlands - water
Ww	whisky	[w]	twee, willen
Xx	Luxembourg	[ks]	links, maximaal
Yy	lykke	[y], [ø]	neus, beu
Zz	Venezuela	[s]	spreken, kosten
Ææ	ærter	[ɛ], [ɛː]	zwemmen, existeren
Øø	grønsager	[ø], [œ]	neus, beu
Åå	åbent, afgå	[ɔ], [ɔː]	zachte [o] als in bord

Opmerkingen

[1] voor **e, i**
[2] na een beklemtoonde klinker
[3] aan het begin van woorden

AFKORTINGEN
gebruikt in de woordenschat

Nederlandse afkortingen

abn	-	als bijvoeglijk naamwoord
bijv.	-	bijvoorbeeld
bn	-	bijvoeglijk naamwoord
bw	-	bijwoord
enk.	-	enkelvoud
enz.	-	enzovoort
form.	-	formele taal
inform.	-	informele taal
mann.	-	mannelijk
mil.	-	militair
mv.	-	meervoud
on.ww.	-	onovergankelijk werkwoord
ontelb.	-	ontelbaar
ov.	-	over
ov.ww.	-	overgankelijk werkwoord
telb.	-	telbaar
vn	-	voornaamwoord
vrouw.	-	vrouwelijk
vw	-	voegwoord
vz	-	voorzetsel
wisk.	-	wiskunde
ww	-	werkwoord

Nederlandse artikelen

de	-	gemeenschappelijk geslacht
de/het	-	gemeenschappelijk geslacht, onzijdig
het	-	onzijdig

Deense afkortingen

f	-	gemeenschappelijk geslacht
f pl	-	gemeenschappelijke geslacht meervoud
i	-	onzijdig
i pl	-	onzijdig meervoud
i, f	-	gemeenschappelijk geslacht, onzijdig

ngn. - iemand
pl - meervoud

BASISBEGRIPPEN

Basisbegrippen Deel 1

1. Voornaamwoorden

ik	jeg	['jaj]
jij, je	du	[du]
hij	han	['han]
zij, ze	hun	['hun]
het	den, det	['dən], [de]
wij, we	vi	['vi]
jullie	I	[i]
zij, ze	de	['di]

2. Begroetingen. Begroetingen. Afscheid

Hallo! Dag!	Hej!	['haj]
Hallo!	Hallo! Goddag!	[ha'lo], [go'dæˀ]
Goedemorgen!	Godmorgen!	[goˈmɒːɒn]
Goedemiddag!	Goddag!	[go'dæˀ]
Goedenavond!	Godaften!	[go'aftən]
gedag zeggen (groeten)	at hilse	[ʌ 'hilsə]
Hoi!	Hej!	['haj]
groeten (het)	hilsen (f)	['hilsən]
verwelkomen (ww)	at hilse	[ʌ 'hilsə]
Hoe gaat het met u?	Hvordan har De det?	[vɒ'dan ha di de]
Hoe is het?	Hvordan går det?	[vɒ'dan gɒː de]
Is er nog nieuws?	Hvad nyt?	['vað 'nyt]
Tot ziens! (form.)	Farvel!	[fɑ'vɛl]
Doei!	He, hej!	['haj 'haj]
Tot snel! Tot ziens!	He så længe!	['haj sʌ 'lɛŋə]
Vaarwel!	Farvel!	[fɑ'vɛl]
afscheid nemen (ww)	at sige farvel	[ʌ 'siː fɑ'vɛl]
Tot kijk!	He, hej!	['haj 'haj]
Dank u!	Tak!	['tak]
Dank u wel!	Mange tak!	['maŋə 'tak]
Graag gedaan	Velbekomme	['vɛlbə'kʌmˀə]
Geen dank!	Det var så lidt!	[de vɑˀ sʌ let]
Geen moeite.	Det var så lidt!	[de vɑˀ sʌ let]
Excuseer me, ... (inform.)	Undskyld, ...	['ɔnˌskylˀ, ...]
Excuseer me, ... (form.)	Undskyld mig, ...	['ɔnˌskylˀ maj, ...]

excuseren (verontschuldigen)	at undskylde	[ʌ 'ɔnˌskylʾə]
zich verontschuldigen	at undskylde sig	[ʌ 'ɔnˌskylʾə sɑj]
Mijn excuses.	Om forladelse	[ʌm fʌ'læʾðəlsə]
Het spijt me!	Undskyld mig!	['ɔnˌskylʾ mɑj]
vergeven (ww)	at tilgive	[ʌ 'telˌgiʾ]
Maakt niet uit!	Det gør ikke noget	[de 'gœɐ̯ 'ekə 'nɔːəð]
alsjeblieft	værsgo	['væɐ̯'sgoʾ]
Vergeet het niet!	Husk!	['husk]
Natuurlijk!	Selvfølgelig!	[sɛl'føljəli]
Natuurlijk niet!	Naturligvis ikke!	[na'tuɐ̯ʾliʾviʾs 'ekə]
Akkoord!	OK! Jeg er enig!	[ɔw'kɛj], ['jɑj 'æɐ̯ 'eːni]
Zo is het genoeg!	Så er det nok!	['sʌ æɐ̯ de 'nʌk]

3. Hoe aan te spreken

Excuseer me, ...	Undskyld, ...	['ɔnˌskylʾ, ...]
meneer	herre, hr.	['hæɐ̯ʌ], [hæɐ̯]
mevrouw	frue, fr.	['fʁuːə], [fʁu]
juffrouw	frøken	['fʁœʾkən]
jongeman	ung mand	['ɔŋʾ 'manʾ]
jongen	lille dreng	['lilə 'dʁɑŋʾ]
meisje	frøken	['fʁœʾkən]

4. Kardinale getallen. Deel 1

nul	nul	['nɔl]
een	en	['en]
twee	to	['toʾ]
drie	tre	['tʁɛʾ]
vier	fire	['fiʾʌ]

vijf	fem	['fɛmʾ]
zes	seks	['sɛks]
zeven	syv	['sywʾ]
acht	otte	['ɔːtə]
negen	ni	['niʾ]

tien	ti	['tiʾ]
elf	elleve	['ɛlvə]
twaalf	tolv	['tʌlʾ]
dertien	tretten	['tʁɑtən]
veertien	fjorten	['fjoɐ̯tən]

vijftien	femten	['fɛmtən]
zestien	seksten	['sɑjstən]
zeventien	sytten	['søtən]
achttien	atten	['atən]
negentien	nitten	['netən]

twintig	tyve	['tyːvə]
eenentwintig	enogtyve	['eːnʌˌtyːvə]

tweeëntwintig	toogtyve	['toːʌˌtyːvə]
drieëntwintig	treogtyve	['tʁɛːʌˌtyːvə]

dertig	tredive	['tʁaðvə]
eenendertig	enogtredive	['eːnʌˌtʁaðvə]
tweeëndertig	toogtredive	['toːʌˌtʁaðvə]
drieëndertig	treogtredive	['tʁɛːʌˌtʁaðvə]

veertig	fyrre	['fœʁʌ]
eenenveertig	enogfyrre	['eːnʌˌfœʁʌ]
tweeënveertig	tocgfyrre	['toːʌˌfœʁʌ]
drieënveertig	treogfyrre	['tʁɛːʌˌfœʁʌ]

vijftig	halvtreds	[hal'tʁɛs]
eenenvijftig	enoghalvtreds	['eːnʌ halˌtʁɛs]
tweeënvijftig	tooghalvtreds	['toːʌ halˌtʁɛs]
drieënvijftig	treoghalvtreds	['tʁɛːʌ halˌtʁɛs]

zestig	tres	['tʁɛs]
eenenzestig	enogtres	['eːnʌˌtʁɛs]
tweeënzestig	toogtres	['toːʌˌtʁɛs]
drieënzestig	trecgtres	['tʁɛːʌˌtʁɛs]

zeventig	halvfjerds	[hal'fjæɐ̯s]
eenenzeventig	enoghalvfjerds	['eːnʌ hal'fjæɐ̯s]
tweeënzeventig	tooghalvfjerds	['toːʌ hal'fjæɐ̯s]
drieënzeventig	treoghalvfjerds	['tʁɛːʌ hal'fjæɐ̯s]

tachtig	firs	['fiɐ̯s]
eenentachtig	enogfirs	['eːnʌˌ'fiɐ̯s]
tweeëntachtig	toogfirs	['toːʌˌfiɐ̯s]
drieëntachtig	treogfirs	['tʁɛːʌˌfiɐ̯s]

negentig	halvfems	[hal'fɛmˀs]
eenennegentig	enoghalvfems	['eːnʌ halˌfɛmˀs]
tweeënnegentig	tooghalvfems	['toːʌ halˌfɛmˀs]
drieënnegentig	treoghalvfems	['tʁɛːʌ halˌfɛmˀs]

5. Kardinale getallen. Deel 2

honderd	hundrede	['hunʌðə]
tweehonderd	tohundrede	['towˌhunʌðə]
driehonderd	trehundrede	['tʁɛˌhunʌðə]
vierhonderd	firehundrede	['fiɐ̯ˌhunʌðə]
vijfhonderd	femhundrede	['fɛmˌhunʌðə]

zeshonderd	sekshundrede	['sɛksˌhunʌðə]
zevenhonderd	sywhundrede	['sywˌhunʌðə]
achthonderd	ottehundrede	['ɔːtəˌhunʌðə]
negenhonderd	nihundrede	['niˌhunʌðə]

duizend	tusind	['tuˀsən]
tweeduizend	totusind	['toˌtuˀsən]
drieduizend	tretusind	['tʁɛˌtuˀsən]

tienduizend	titusind	['ti‚tu'sən]
honderdduizend	hundredetusind	['hunʌðə‚tu'sən]
miljoen (het)	million (f)	[mili'oʔn]
miljard (het)	milliard (f)	[mili'ɑʔd]

6. Ordinale getallen

eerste (bn)	første	['fœɐ̯stə]
tweede (bn)	anden	['anən]
derde (bn)	tredje	['tʁɛðjə]
vierde (bn)	fjerde	['fjɛːʌ]
vijfde (bn)	femte	['fɛmtə]

zesde (bn)	sjette	['ɕɛːtə]
zevende (bn)	syvende	['sywʔənə]
achtste (bn)	ottende	['ʌtənə]
negende (bn)	niende	['niʔənə]
tiende (bn)	tiende	['tiʔənə]

7. Getallen. Breuken

breukgetal (het)	brøk (f)	['bʁœʔk]
half	en halv	[en 'halʔ]
een derde	en tredjedel	[en 'tʁɛðjə‚deʔl]
kwart	en fjerdedel	[en 'fjɛːʌ‚deʔl]

een achtste	en ottendedel	[en 'ʌtənə‚deʔl]
een tiende	en tiendedel	[en 'tiənə‚deʔl]
twee derde	to tredjedele	['to: 'tʁɛðjə‚deːlə]
driekwart	tre fjerdedele	['tʁɛː 'fjɛːʌ‚deʔlə]

8. Getallen. Eenvoudige berekeningen

aftrekking (de)	subtraktion (f)	[subtʁak'ɕoʔn]
aftrekken (ww)	at subtrahere	[ʌ subtʁɑ'heʔʌ]
deling (de)	division (f)	[divi'ɕoʔn]
delen (ww)	at dividere	[ʌ divi'deʔʌ]
optelling (de)	addition (f)	[adi'ɕoʔn]
erbij optellen (bij elkaar voegen)	at addere	[ʌ a'deʔʌ]
optellen (ww)	at addere	[ʌ a'deʔʌ]
vermenigvuldiging (de)	multiplikation (f)	[multiplika'ɕoʔn]
vermenigvuldigen (ww)	at multiplicere	[ʌ multipli'seʔʌ]

9. Getallen. Diversen

| cijfer (het) | ciffer (i) | ['sifʌ] |
| nummer (het) | tal (i) | ['tal] |

telwoord (het)	talord (i)	['tal,oʔɐ̯]
minteken (het)	mirus (i)	['miːnus]
plusteken (het)	plus (i)	['plus]
formule (de)	formel (f)	['fɒʔməl]
berekening (de)	beregning (f)	[beˈʁɑjʔnen]
tellen (ww)	at tælle	[ʌ ˈtɛlə]
bijrekenen (ww)	at tælle op	[ʌ ˈtɛlə ˈʌp]
vergelijken (ww)	at sammenligne	[ʌ ˈsɑmənˌliʔnə]
Hoeveel? (ontelb.)	Hvor meget?	[vɒʔ ˈmɑɑð]
Hoeveel? (telb.)	Hvor mange?	[vɒʔ ˈmɑŋə]
som (de), totaal (het)	sum (f)	[ˈsɔmʔ]
uitkomst (de)	resultat (i)	[ʁɛsulˈtæʔt]
rest (de)	rest (f)	[ˈʁɑst]
enkele (bijv. ~ minuten)	nogle få ...	[ˈnoːlə fɔʔ ...]
weinig (bw)	lidt ...	[ˈlet ...]
weinig (telb.)	få, ikke mange	[ˈfɔʔ], [ˈekə ˈmɑŋə]
een beetje (ontelb.)	lidt	[ˈlet]
restant (het)	øvrig (i)	[ˈøwʁi]
anderhalf	halvanden	[halˈanən]
dozijn (het)	dusin (i)	[duˈsiʔn]
middendoor (bw)	i to halvdele	[i ˈtoː ˈhaldeːlə]
even (bw)	jævnt	[ˈjɛwʔnt]
helft (de)	havdel (f)	[ˈhaldeʔl]
keer (de)	gang (f)	[ˈgɑŋʔ]

10. De belangrijkste werkwoorden. Deel 1

aanbevelen (ww)	at anbefale	[ʌ ˈanbeˌfæʔlə]
aandringen (ww)	at insistere	[ʌ ensiˈsteʔʌ]
aankomen (per auto, enz.)	at ankomme	[ʌ ˈanˌkʌmʔə]
aanraken (ww)	at røre	[ʌ ˈʁɶːʌ]
adviseren (ww)	at råde	[ʌ ˈʁɔːðə]
afdalen (on.ww.)	at gå ned	[ʌ gɔʔ ˈneðʔ]
afslaan (naar rechts ~)	at svinge	[ʌ ˈsvenə]
antwoorden (ww)	at svare	[ʌ ˈsvɑːɑ]
bang zijn (ww)	at frygte	[ʌ ˈfʁœgtə]
bedreigen	at true	[ʌ ˈtʁuːə]
(bijv. met een pistool)		
bedriegen (ww)	at snyde	[ʌ ˈsnyːðə]
beëindigen (ww)	at slutte	[ʌ ˈslutə]
beginnen (ww)	at begynde	[ʌ beˈgønʔə]
begrijpen (ww)	at forstå	[ʌ fʌˈstɔʔ]
beheren (managen)	at styre, at lede	[ʌ ˈstyːʌ], [ʌ ˈleːðə]
beledigen	at fornærme	[ʌ fʌˈnæɐ̯ʔmə]
(met scheldwoorden)		
beloven (ww)	at love	[ʌ ˈlɔːvə]
bereiden (koken)	at lave	[ʌ ˈlæːvə]

T&P Books. Thematische woordenschat Nederlands-Deens - 5000 woorden

bespreken (spreken over)	at diskutere	[ʌ disku'teˀʌ]
bestellen (eten ~)	at bestille	[ʌ be'stelˀə]
bestraffen (een stout kind ~)	at straffe	[ʌ 'stʁɑfə]
betalen (ww)	at betale	[ʌ be'tæˀlə]
betekenen (beduiden)	at betyde	[ʌ be'tyˀðə]
betreuren (ww)	at beklage	[ʌ be'klæˀjə]

bevallen (prettig vinden)	at kunne lide	[ʌ 'kunə 'liːðə]
bevelen (mil.)	at beordre	[ʌ be'ɒˀdʁʌ]
bevrijden (stad, enz.)	at befri	[ʌ be'fʁiˀ]
bewaren (ww)	at beholde	[ʌ be'hʌlˀə]
bezitten (ww)	at besidde, at eje	[ʌ be'siðˀə], [ʌ 'ɑjə]

bidden (praten met God)	at bede	[ʌ 'beˀðə]
binnengaan (een kamer ~)	at komme ind	[ʌ 'kʌmə ˌenˀ]
breken (ww)	at bryde	[ʌ 'bʁyːðə]
controleren (ww)	at kontrollere	[ʌ kʌntʁo'leˀʌ]
creëren (ww)	at oprette, at skabe	[ʌ 'ʌbˌʁɑtə], [ʌ 'skæːbə]

deelnemen (ww)	at deltage	[ʌ 'delˌtæˀ]
denken (ww)	at tænke	[ʌ 'tɛŋkə]
doden (ww)	at dræbe, at myrde	[ʌ 'dʁɛːbə], [ʌ 'myɐ̯də]
doen (ww)	at gøre	[ʌ 'gœːʌ]
dorst hebben (ww)	at være tørstig	[ʌ 'vɛːʌ 'tœɐ̯sti]

11. De belangrijkste werkwoorden. Deel 2

een hint geven	at give et vink	[ʌ 'giˀ et 'veŋˀk]
eisen (met klem vragen)	at kræve	[ʌ 'kʁɛːvə]
excuseren (vergeven)	at tilgive	[ʌ 'telˌgiˀ]
existeren (bestaan)	at eksistere	[ʌ ɛksi'steˀʌ]
gaan (te voet)	at gå	[ʌ 'gɔˀ]

gaan zitten (ww)	at sætte sig	[ʌ 'sɛtə sɑj]
gaan zwemmen	at bade	[ʌ 'bæˀðə]
geven (ww)	at give	[ʌ 'giˀ]
glimlachen (ww)	at smile	[ʌ 'smiːlə]
goed raden (ww)	at gætte	[ʌ 'gɛtə]

grappen maken (ww)	at spøge	[ʌ 'spøːjə]
graven (ww)	at grave	[ʌ 'gʁɑːvə]

hebben (ww)	at have	[ʌ 'hæːvə]
helpen (ww)	at hjælpe	[ʌ 'jɛlpə]
herhalen (opnieuw zeggen)	at gentage	[ʌ 'gɛnˌtæˀ]
honger hebben (ww)	at være sulten	[ʌ 'vɛːʌ 'sultən]

hopen (ww)	at håbe	[ʌ 'hɔːbə]
horen (waarnemen met het oor)	at høre	[ʌ 'høːʌ]
huilen (wenen)	at græde	[ʌ 'gʁɑːðə]
huren (huis, kamer)	at leje	[ʌ 'lɑjə]
informeren (informatie geven)	at informere	[ʌ enfɒ'meˀʌ]
instemmen (akkoord gaan)	at samtykke	[ʌ 'sɑmˌtykə]

jagen (ww)	at jage	[ʌ 'jæːjə]
kennen (kennis hebben van iemand)	at kende	[ʌ 'kɛnə]
kiezen (ww)	at vælge	[ʌ 'vɛljə]
klagen (ww)	at klage	[ʌ 'klæːjə]
kosten (ww)	at koste	[ʌ 'kʌstə]
kunnen (ww)	at kunne	[ʌ 'kunə]
lachen (ww)	at le, at grine	[ʌ 'leʔ], [ʌ 'gʁiːnə]
laten vallen (ww)	at tabe	[ʌ 'tæːbə]
lezen (ww)	at læse	[ʌ 'lɛːsə]
liefhebben (ww)	at elske	[ʌ 'ɛlskə]
lunchen (ww)	at spise frokost	[ʌ 'spiːsə 'fʁɔkʌst]
nemen (ww)	at tage	[ʌ 'tæʔ]
nodig zijn (ww)	at være behøvet	[ʌ 'vɛːʌ be'høʔvəð]

12. De belangrijkste werkwoorden. Deel 3

onderschatten (ww)	at undervurdere	[ʌ 'ɔnʌvuɐ̯'deʔʌ]
ondertekenen (ww)	at underskrive	[ʌ 'ɔnʌˌskʁiʔvə]
ontbijten (ww)	at spise morgenmad	[ʌ 'spiːsə 'mɔːɔnˌmað]
openen (ww)	at åbne	[ʌ 'ɔːbnə]
ophouden (ww)	at stoppe, at slutte	[ʌ 'stʌpə], [ʌ 'slutə]
opmerken (zien)	at bemærke	[ʌ be'mæɐ̯kə]
opscheppen (ww)	at prale	[ʌ 'pʁɑːlə]
opschrijven (ww)	at skrive ned	[ʌ 'skʁiːvə 'neðʔ]
plannen (ww)	at planlægge	[ʌ 'plæːnˌlɛgə]
prefereren (verkiezen)	at foretrække	[ʌ fɔːɒ'tʁakə]
proberen (trachten)	at prøve	[ʌ 'pʁœːwə]
redden (ww)	at redde	[ʌ 'ʁɛðə]
rekenen op ...	at regne med ...	[ʌ 'ʁajnə mɛ ...]
rennen (ww)	at løbe	[ʌ 'løːbə]
reserveren (een hotelkamer ~)	at reservere	[ʌ ʁɛsæɐ̯'veʔʌ]
roepen (om hulp)	at tilkalde	[ʌ 'telˌkalʔə]
schieten (ww)	at skyde	[ʌ 'skyːðə]
schreeuwen (ww)	at skrige	[ʌ 'skʁiːə]
schrijven (ww)	at skrive	[ʌ 'skʁiːvə]
souperen (ww)	at spise aftensmad	[ʌ 'spiːsə 'ɑftənsˌmað]
spelen (kinderen)	at lege	[ʌ 'lɑjə]
spreken (ww)	at tale	[ʌ 'tæːlə]
stelen (ww)	at stjæle	[ʌ 'stjɛːlə]
stoppen (pauzeren)	at standse	[ʌ 'stansə]
studeren (Nederlands ~)	at studere	[ʌ stu'deʔʌ]
sturen (zenden)	at sende	[ʌ 'sɛnə]
tellen (optellen)	at tælle	[ʌ 'tɛlə]
toebehoren ...	at tilhøre ...	[ʌ 'telˌhøʔʌ ...]
toestaan (ww)	at tillade	[ʌ 'teˌlæʔðə]
tonen (ww)	at vise	[ʌ 'viːsə]

twijfelen (onzeker zijn)	at tvivle	[ʌ 'tviwlə]
uitgaan (ww)	at gå ud	[ʌ 'gɔˀ uð ˀ]
uitnodigen (ww)	at indbyde, at invitere	[ʌ 'enˌbyˀðə], [ʌ envi'teˀʌ]
uitspreken (ww)	at udtale	[ʌ 'uðˌtæːlə]
uitvaren tegen (ww)	at skælde	[ʌ 'skɛlə]

13. De belangrijkste werkwoorden. Deel 4

vallen (ww)	at falde	[ʌ 'falə]
vangen (ww)	at fange	[ʌ 'faŋə]
veranderen (anders maken)	at ændre	[ʌ 'ɛndʁʌ]
verbaasd zijn (ww)	at blive forundret	[ʌ 'bliːə fʌ'ɔnˀdʁʌð]
verbergen (ww)	at gemme	[ʌ 'gɛmə]

verdedigen (je land ~)	at forsvare	[ʌ fʌ'svaˀa]
verenigen (ww)	at forene	[ʌ fʌ'enə]
vergelijken (ww)	at sammenligne	[ʌ 'samənˌliˀnə]
vergeten (ww)	at glemme	[ʌ 'glɛmə]
vergeven (ww)	at tilgive	[ʌ 'telˌgiˀ]

verklaren (uitleggen)	at forklare	[ʌ fʌ'klɑˀa]
verkopen (per stuk ~)	at sælge	[ʌ 'sɛljə]
vermelden (praten over)	at omtale, at nævne	[ʌ 'ʌmˌtæːlə], [ʌ 'nɛwnə]
versieren (decoreren)	at pryde	[ʌ 'pʁyːðə]
vertalen (ww)	at oversætte	[ʌ 'ɔwʌˌsɛtə]

vertrouwen (ww)	at stole på	[ʌ 'stoːlə pɔˀ]
vervolgen (ww)	at fortsætte	[ʌ 'fɔːtˌsɛtə]
verwarren (met elkaar ~)	at forveksle	[ʌ fʌ'vɛkslə]
verzoeken (ww)	at bede	[ʌ 'beˀðə]
verzuimen (school, enz.)	at forsømme	[ʌ fʌ'sœmˀə]

vinden (ww)	at finde	[ʌ 'fenə]
vliegen (ww)	at flyve	[ʌ 'flyːvə]
volgen (ww)	at følge efter ...	[ʌ 'føljə 'ɛftʌ ...]
voorstellen (ww)	at foreslå	[ʌ 'fɔːɒˌslɔˀ]
voorzien (verwachten)	at forudse	[ʌ 'fouðˌseˀ]
vragen (ww)	at spørge	[ʌ 'spœɐ̯ʌ]

waarnemen (ww)	at observere	[ʌ ʌbsæɐ̯'veˀʌ]
waarschuwen (ww)	at advare	[ʌ 'aðˌvaˀa]
wachten (ww)	at vente	[ʌ 'vɛntə]
weerspreken (ww)	at indvende	[ʌ 'enˀˌvɛnˀə]
weigeren (ww)	at vægre sig	[ʌ 'vɛːjʁʌ saj]

werken (ww)	at arbejde	[ʌ 'ɑːˌbajˀdə]
weten (ww)	at vide	[ʌ 'viːðə]
willen (verlangen)	at ville	[ʌ 'vilə]
zeggen (ww)	at sige	[ʌ 'siː]
zich haasten (ww)	at skynde sig	[ʌ 'skønə saj]

zich interesseren voor ...	at interessere sig	[ʌ entʁe'seˀʌ saj]
zich vergissen (ww)	at tage fejl	[ʌ 'tæˀ fajˀl]
zich verontschuldigen	at undskylde sig	[ʌ 'ɔnˌskylˀə saj]

zien (ww)	at se	[ʌ 'seʔ]
zoeken (ww)	at søge ...	[ʌ 'sø:ə ...]
zwemmen (ww)	at svømme	[ʌ 'svœmə]
zwijgen (ww)	at tie	[ʌ 'ti:ə]

14. Kleuren

kleur (de)	farve (f)	['fɑ:və]
tint (de)	nuance (f)	[ny'aŋsə]
kleurnuance (de)	farvetone (f)	['fɑ:və,to:nə]
regenboog (de)	regnbue (f)	['ʁɑjn,bu:ə]
wit (bn)	hvid	['viðʔ]
zwart (bn)	sort	['soʁt]
grijs (bn)	grå	['gʁɔʔ]
groen (bn)	grøn	['gʁœnʔ]
geel (bn)	gul	['guʔl]
rood (bn)	rød	['ʁœðʔ]
blauw (bn)	blå	['blɔʔ]
lichtblauw (bn)	lyseblå	['lysə,blɔʔ]
roze (bn)	rosa	['ʁo:sa]
oranje (bn)	orange	[o'ʁaŋɕə]
violet (bn)	violblå	[vi'ol,blɔʔ]
bruin (bn)	brun	['bʁuʔn]
goud (bn)	guld-	['gul-]
zilverkleurig (bn)	sølv-	['søl-]
beige (bn)	beige	['bɛ:ɕ]
roomkleurig (bn)	cremefarvet	['kʁɛ:m,fɑʔvəð]
turkoois (bn)	turkis	[tyɐ̯'ki'〉s]
kersrood (bn)	kirsebærrød	['kiɐ̯səbæɐ̯,ʁœðʔ]
lila (bn)	lilla	['lela]
karmijnrood (bn)	hindbærrød	['henbæɐ̯,ʁœðʔ]
licht (bn)	lys	['lyʔs]
donker (bn)	mørk	['mœɐ̯k]
fel (bn)	klar	['klɑʔ]
kleur-, kleurig (bn)	farve-	['fɑ:və-]
kleuren- (abn)	farve	['fɑ:və]
zwart-wit (bn)	sort-hvid	['soɐ̯t'viðʔ]
eenkleurig (bn)	ensfarvet	['ens,fɑʔvəð]
veelkleurig (bn)	mangefarvet	['maŋə,fɑ:vəð]

15. Vragen

Wie?	Hvem?	['vɛmʔ]
Wat?	Hvad?	['vað]
Waar?	Hvor?	['vɒʔ]

Waarheen?	Hvorhen?	[ˈvɒˀˌhɛn]
Waar ... vandaan?	Hvorfra?	[ˈvɒˀfʁɑˀ]
Wanneer?	Hvornår?	[vɒˈnɒˀ]
Waarom?	Hvorfor?	[ˈvɔfʌ]
Waarom?	Hvorfor?	[ˈvɔfʌ]
Waarvoor dan ook?	For hvad?	[fʌ ˈvað]
Hoe?	Hvordan?	[vɒˈdan]
Wat voor ...?	Hvilken?	[ˈvelkən]
Welk?	Hvilken?	[ˈvelkən]
Aan wie?	Til hvem?	[tel ˈvɛmˀ]
Over wie?	Om hvem?	[ʌm ˈvɛmˀ]
Waarover?	Om hvad?	[ʌm ˈvað]
Met wie?	Med hvem?	[mɛ ˈvɛmˀ]
Hoeveel? (ontelb.)	Hvor meget?	[vɒˀ ˈmaað]
Van wie? (mann.)	Hvis?	[ˈves]

16. Voorzetsels

met (bijv. ~ beleg)	med	[mɛ]
zonder (~ accent)	uden	[ˈuðən]
naar (in de richting van)	til	[ˈtel]
over (praten ~)	om	[ʌm]
voor (in tijd)	før	[ˈføˀɐ̯]
voor (aan de voorkant)	foran ...	[ˈfɒːˈanˀ ...]
onder (lager dan)	under	[ˈɔnʌ]
boven (hoger dan)	over	[ˈɒwʌ]
op (bovenop)	på	[pɔ]
van (uit, afkomstig van)	fra	[ˈfʁɑˀ]
van (gemaakt van)	af	[a]
over (bijv. ~ een uur)	om	[ʌm]
over (over de bovenkant)	over	[ˈɒwʌ]

17. Functiewoorden. Bijwoorden. Deel 1

Waar?	Hvor?	[ˈvɒˀ]
hier (bw)	her	[ˈhɛˀɐ̯]
daar (bw)	der	[ˈdɛˀɐ̯]
ergens (bw)	et sted	[et ˈstɛð]
nergens (bw)	ingen steder	[ˈeŋən ˌstɛːðʌ]
bij ... (in de buurt)	ved	[ve]
bij het raam	ved vinduet	[ve ˈvenduəð]
Waarheen?	Hvorhen?	[ˈvɒˀˌhɛn]
hierheen (bw)	herhen	[ˈhɛˀɐ̯ˌhɛn]
daarheen (bw)	derhen	[ˈdɛˀɐ̯ˌhɛn]

hiervandaan (bw)	herfra	['hɛˀɐ̯ˌfʁɑˀ]
daarvandaan (bw)	derfra	['dɛˀɐ̯ˌfʁɑˀ]
dichtbij (bw)	nær	['nɛˀɐ̯]
ver (bw)	langt	['lɑŋˀt]
in de buurt (van …)	nær	['nɛˀɐ̯]
vlakbij (bw)	i nærheden	[i 'nɛɐ̯ˌheðˀən]
niet ver (bw)	ikke langt	['ekə 'lɑŋˀt]
linker (bn)	venstre	['vɛnstʁʌ]
links (bw)	til venstre	[te 'vɛnstʁʌ]
linksaf, naar links (bw)	til venstre	[te 'vɛnstʁʌ]
rechter (bn)	højre	['hʌjʁʌ]
rechts (bw)	til højre	[te 'hʌjʁʌ]
rechtsaf, naar rechts (bw)	til højre	[te 'hʌjʁʌ]
vooraan (bw)	foran	['fɔ:'anˀ]
voorste (bn)	for-, ante-	[fʌ-], [antə'-]
vooruit (bw)	fremad	['fʁamˀˌað]
achter (bw)	bagved	['bæˀjˌve]
van achteren (bw)	bagpå	['bæˀjˌpɔˀ]
achteruit (naar achteren)	tilbage	[te'bæ:jə]
midden (het)	midte (f)	['metə]
in het midden (bw)	i midten	[i 'metən]
opzij (bw)	fra siden	[fʁɑ 'siðən]
overal (bw)	overalt	[ɒwʌ'alˀt]
omheen (bw)	rundtomkring	['ʁɔnˀdʌmˌkʁɛŋˀ]
binnenuit (bw)	indefra	['enəˌfʁɑˀ]
naar ergens (bw)	et sted	[et 'stɛð]
rechtdoor (bw)	ligeud	['li:ə'uðˀ]
terug (bijv. ~ komen)	tilbage	[te'bæ:jə]
ergens vandaan (bw)	et eller andet sted fra	[ed 'ɛlʌ 'anəð stɛð fʁɑˀ]
ergens vandaan	fra et sted	[fʁɑ ed 'stɛð]
(en dit geld moet ~ komen)		
ten eerste (bw)	for det første	[fʌ de 'fœɐ̯stə]
ten tweede (bw)	for det andet	[fʌ de 'anəð]
ten derde (bw)	for det tredje	[fʌ de 'tʁɛðjə]
plotseling (bw)	pludseligt	['plusəlit]
in het begin (bw)	i begyndelsen	[i be'gønˀəlsən]
voor de eerste keer (bw)	for første gang	[fʌ 'fœɐ̯stə gɑŋˀ]
lang voor … (bw)	længe før …	['lɛŋə føˀɐ̯ …]
opnieuw (bw)	på ny	[pɔ 'nyˀ]
voor eeuwig (bw)	for evigt	[fʌ 'e:við]
nooit (bw)	aldrig	['aldʁi]
weer (bw)	igen	[i'gɛn]
nu (bw)	nu	['nu]

vaak (bw)	ofte	['ʌftə]
toen (bw)	da, dengang	['da], ['dɛn',gɑŋ']
urgent (bw)	omgående	['ʌm,ɡɔ'ənə]
meestal (bw)	vanligvis	['væːnli,viˀs]
trouwens, ... (tussen haakjes)	for resten ...	[fʌ 'ʁastən ...]
mogelijk (bw)	muligt, muligvis	['muːlit], ['muːli,viˀs]
waarschijnlijk (bw)	sandsynligvis	[sanˈsyˀnli,viˀs]
misschien (bw)	måske	[mɔˈskeˀ]
trouwens (bw)	desuden, ...	[desˈuːðən, ...]
daarom ...	derfor ...	['dɛˀɡfʌ ...]
in weerwil van ...	på trods af ...	[pɔ 'tʁʌs æˀ ...]
dankzij ...	takket være ...	['tɑkəð ˌvɛˀʌ ...]
wat (vn)	hvad	['vað]
dat (vw)	at	[at]
iets (vn)	noget	['nɔːəð]
iets	noget	['nɔːəð]
niets (vn)	ingenting	['eŋənˈteŋˀ]
wie (~ is daar?)	hvem	['vɛmˀ]
iemand (een onbekende)	nogen	['noən]
iemand (een bepaald persoon)	nogen	['noən]
niemand (vn)	ingen	['eŋən]
nergens (bw)	ingen steder	['eŋən ˌstɛːðʌ]
niemands (bn)	ingens	['eŋəns]
iemands (bn)	nogens	['noəns]
zo (Ik ben ~ blij)	så	['sʌ]
ook (evenals)	også	['ʌsə]
alsook (eveneens)	også	['ʌsə]

18. Functiewoorden. Bijwoorden. Deel 2

Waarom?	Hvorfor?	['vɔfʌ]
om een bepaalde reden	af en eller anden grund	[a en 'ɛlʌ 'anən 'ɡʁɔnˀ]
omdat ...	fordi ...	[fʌˈdiˀ ...]
voor een bepaald doel	af en eller anden grund	[a en 'ɛlʌ 'anən 'ɡʁɔnˀ]
en (vw)	og	[ʌ]
of (vw)	eller	[ɛlʌ]
maar (vw)	men	['mɛn]
voor (vz)	for, til	[fʌ], [tel]
te (~ veel mensen)	for, alt for	[fʌ], ['alˀt fʌ]
alleen (bw)	bare, kun	['bɑːɑ], ['kɔn]
precies (bw)	præcis	[pʁɛˈsiˀs]
ongeveer (~ 10 kg)	cirka	['siɐ̯ka]
omstreeks (bw)	omtrent	[ʌmˈtʁanˀt]
bij benadering (bn)	omtrentlig	[ʌmˈtʁanˀtli]

bijna (bw)	næsten	['nɛstən]
rest (de)	rest (f)	['ʁast]
de andere (tweede)	den anden	[dən 'anən]
ander (bn)	andre	['andʁʌ]
elk (bn)	hver	['vɛˀɐ̯]
om het even welk	hvilken som helst	['velkən sʌm 'hɛlˀst]
veel (grote hoeveelheid)	megen, meget	['majən], ['maað]
veel mensen	mange	['maŋə]
iedereen (alle personen)	alle	['alə]
in ruil voor ...	til gengæld for ...	[tel 'gɛnˌgɛlˀ fʌ ...]
in ruil (bw)	i stedet for	[i 'stɛðə fʌ]
met de hand (bw)	i hånden	[i 'hʌnən]
onwaarschijnlijk (bw)	næppe	['nɛpə]
waarschijnlijk (bw)	sandsynligvis	[san'syˀnliˌviˀs]
met opzet (bw)	med vilje, forsætlig	[mɛ 'viljə], [fʌ'sɛtli]
toevallig (bw)	tilfældigt	[te'fɛlˀdit]
zeer (bw)	meget	['maað]
bijvoorbeeld (bw)	for eksempel	[fʌ ɛk'sɛmˀpəl]
tussen (~ twee steden)	imellem	[i'mɛlˀəm]
tussen (te midden van)	blandt	['blant]
zoveel (bw)	så meget	['sʌ 'maað]
vooral (bw)	særligt	['sæɐ̯lit]

Basisbegrippen Deel 2

19. Dagen van de week

maandag (de)	mandag (f)	['man'da]
dinsdag (de)	tirsdag (f)	['tiɐ̯'sda]
woensdag (de)	onsdag (f)	['ɔn'sda]
donderdag (de)	torsdag (f)	['tɒ'sda]
vrijdag (de)	fredag (f)	['fʁɛ'da]
zaterdag (de)	lørdag (f)	['lœɐ̯da]
zondag (de)	søndag (f)	['sœn'da]
vandaag (bw)	i dag	[i 'dæ']
morgen (bw)	i morgen	[i 'mɔːɒn]
overmorgen (bw)	i overmorgen	[i 'ɒwʌˌmɒːɒn]
gisteren (bw)	i går	[i 'gɒ']
eergisteren (bw)	i forgårs	[i 'fɒːˌgɒ's]
dag (de)	dag (f)	['dæ']
werkdag (de)	arbejdsdag (f)	['ɑːbɑjdsˌdæ']
feestdag (de)	festdag (f)	['fɛstˌdæ']
verlofdag (de)	fridag (f)	['fʁidæ']
weekend (het)	weekend (f)	['wiːˌkɛnd]
de hele dag (bw)	hele dagen	['heːlə 'dæ'ən]
de volgende dag (bw)	næste dag	['nɛstə dæ']
twee dagen geleden	for to dage siden	[fʌ to' 'dæ'ə 'siðən]
aan de vooravond (bw)	dagen før	['dæ'ən fʌ]
dag-, dagelijks (bn)	daglig	['dɑwli]
elke dag (bw)	hver dag	['vɛɐ̯ 'dæ']
week (de)	uge (f)	['uːə]
vorige week (bw)	sidste uge	[i 'sistə 'uːə]
volgende week (bw)	i næste uge	[i 'nɛstə 'uːə]
wekelijks (bn)	ugentlig	['uːəntli]
elke week (bw)	hver uge	['vɛɐ̯ 'uːə]
twee keer per week	to gange om ugen	['toː 'gɑŋə ɒm 'uːən]
elke dinsdag	hver tirsdag	['vɛɐ̯ ˌtiɐ̯'sda]

20. Uren. Dag en nacht

morgen (de)	morgen (f)	['mɔːɒn]
's morgens (bw)	om morgenen	[ʌm 'mɔːɒnən]
middag (de)	middag (f)	['meda]
's middags (bw)	om eftermiddagen	[ʌm 'ɛftʌmeˌdæ'ən]
avond (de)	aften (f)	['ɑftən]
's avonds (bw)	om aftenen	[ʌm 'ɑftənən]

nacht (de)	nat (f)	['nat]
's nachts (bw)	om natten	[ʌm 'natən]
middernacht (de)	midnat (f)	['mið‚nat]
seconde (de)	sekund (i)	[se'kɔn'd]
minuut (de)	minut (i)	[me'nut]
uur (het)	time (f)	['tiːmə]
halfuur (het)	en halv time	[en 'hal' 'tiːmə]
kwartier (het)	kvart (f)	['kvaːt]
vijftien minuten	femten minutter	['fɛmtən me'nutʌ]
etmaal (het)	døgn (i)	['dʌj'n]
zonsopgang (de)	solopgang (f)	['soːl 'ʌp‚gaŋ']
dageraad (de)	daggry (i)	['dɑw‚gʁyː]
vroege morgen (de)	tidlig morgen (f)	['tiðli 'mɔːɒn]
zonsondergang (de)	solnedgang (f)	['soːl 'neð‚gaŋ']
's morgens vroeg (bw)	tidligt om morgenen	['tiðlit ʌm 'mɔːɒnən]
vanmorgen (bw)	i morges	[i 'mɔːɒs]
morgenochtend (bw)	i morgen tidlig	[i 'mɔːɒn 'tiðli]
vanmiddag (bw)	i eftermiddag	[i 'ɛftʌme‚dæ']
's middags (bw)	om eftermiddagen	[ʌm 'ɛftʌme‚dæ'ən]
morgenmiddag (bw)	i morgen eftermiddag	[i 'mɔːɒn 'ɛftʌme‚dæ']
vanavond (bw)	i aften	[i 'aftən]
morgenavond (bw)	i morgen aften	[i 'mɔːɒn 'aftən]
klokslag drie uur	klokken tre præcis	['klʌkən tʁɛ pʁɛ'siːs]
ongeveer vier uur	ved fire tiden	[ve 'fi'ʌ 'tiðən]
tegen twaalf uur	ved 12-tiden	[ve 'tʌl 'tiðən]
over twintig minuten	om 20 minutter	[ʌm 'tyːvə me'nutʌ]
over een uur	om en time	[ʌm en 'tiːmə]
op tijd (bw)	i tide	[i 'tiːðə]
kwart voor ...	kvart i ...	['kvaːt i ...]
binnen een uur	inden for en time	['enən'fʌ en 'tiːmə]
elk kwartier	hvert 15 minut	['vɛ'ɐt 'fɛmtən me'nut]
de klok rond	døgnet rundt	['dʌjneð 'ʁɔn't]

21. Maanden. Seizoenen

januari (de)	januar (f)	['januˌɑ']
februari (de)	februar (f)	['febʁuˌɑ']
maart (de)	marts (f)	['mɑːts]
april (de)	april (f)	[a'pʁi'l]
mei (de)	maj (f)	['maj']
juni (de)	juni (f)	['ju'ni]
juli (de)	juli (f)	['ju'li]
augustus (de)	august (f)	[ɑw'gɔst]
september (de)	september (f)	[sep'tɛmˀbʌ]
oktober (de)	oktober (f)	[ok'toˀbʌ]

| november (de) | november (f) | [noˈvɛmˀbʌ] |
| december (de) | december (f) | [deˈsɛmˀbʌ] |

lente (de)	forår (i)	[ˈfɔːˌɒˀ]
in de lente (bw)	om foråret	[ʌm ˈfɔːˌɒˀð]
lente- (abn)	forårs-	[ˈfɔːɒs-]

zomer (de)	sommer (f)	[ˈsʌmʌ]
in de zomer (bw)	om sommeren	[ʌm ˈsʌmʌən]
zomer-, zomers (bn)	sommer-	[ˈsʌmʌ-]

herfst (de)	efterår (i)	[ˈɛftʌˌɒˀ]
in de herfst (bw)	om efteråret	[ʌm ˈɛftʌˌɒˀð]
herfst- (abn)	efterårs-	[ˈɛftʌˌɒs-]

winter (de)	vinter (f)	[ˈvenˀtʌ]
in de winter (bw)	om vinteren	[ʌm ˈvenˀtʌən]
winter- (abn)	vinter-	[ˈventʌ-]

maand (de)	måned (f)	[ˈmɔːnəð]
deze maand (bw)	i denne måned	[i ˈdɛnə ˈmɔːnəð]
volgende maand (bw)	næste måned	[ˈnɛstə ˈmɔːnəð]
vorige maand (bw)	sidste måned	[ˈsistə ˈmɔːnəð]

een maand geleden (bw)	for en måned siden	[fʌ en ˈmɔːnəð ˈsiðən]
over een maand (bw)	om en måned	[ʌm en ˈmɔːnəð]
over twee maanden (bw)	om 2 måneder	[ʌm to ˈmɔːnəðʌ]
de hele maand (bw)	en hel måned	[en ˈheːl ˈmɔːnəð]
een volle maand (bw)	hele måneden	[ˈheːlə ˈmɔːnəðən]

maand-, maandelijks (bn)	månedlig	[ˈmɔːnəðli]
maandelijks (bw)	månedligt	[ˈmɔːnəðlit]
elke maand (bw)	hver måned	[ˈvɛɐ̯ ˈmɔːnəð]
twee keer per maand	to gange om måneden	[ˈtoː ˈɡaŋə ɒm ˈmɔːnəðən]

jaar (het)	år (i)	[ˈɒˀ]
dit jaar (bw)	i år	[i ˈɒˀ]
volgend jaar (bw)	næste år	[ˈnɛstə ɒˀ]
vorig jaar (bw)	i fjor	[i ˈfjoˀɐ̯]

een jaar geleden (bw)	for et år siden	[fʌ ed ɒˀ ˈsiðən]
over een jaar	om et år	[ʌm et ˈɒˀ]
over twee jaar	om 2 år	[ʌm to ˈɒˀ]
het hele jaar	hele året	[ˈheːlə ˈɒːɒð]
een vol jaar	hele året	[ˈheːlə ˈɒːɒð]

elk jaar	hvert år	[ˈvɛˀɐ̯t ɒˀ]
jaar-, jaarlijks (bn)	årlig	[ˈɒːli]
jaarlijks (bw)	årligt	[ˈɒːlit]
4 keer per jaar	fire gange om året	[ˈfiˀʌ ˈɡaŋə ɒm ˈɒːɒð]

datum (de)	dato (f)	[ˈdæːto]
datum (de)	dato (f)	[ˈdæːto]
kalender (de)	kalender (f)	[kaˈlɛnˀʌ]
een half jaar	et halvt år	[et halˀt ˈɒˀ]
zes maanden	halvår (i)	[ˈhalvˌɒˀ]

| seizoen (bijv. lente, zomer) | årstid (f) | ['ɔːsˌtiðˀ] |
| eeuw (de) | århundrede (i) | [ɒ'hunʁʌðə] |

22. Meeteenheden

gewicht (het)	vægt (f)	['vɛgt]
lengte (de)	længde (f)	['lɛŋˀdə]
breedte (de)	bredde (f)	['bʁɛˀdə]
hoogte (de)	højde (f)	['hʌjˀdə]
diepte (de)	dybde (f)	['dybdə]
volume (het)	rumfang (i)	['ʁɔmˌfaŋˀ]
oppervlakte (de)	areal (i)	[ˌɑːeˈæˀl]

gram (het)	gram (i)	['gʁɑmˀ]
milligram (het)	milligram (i)	['miliˌgʁɑmˀ]
kilogram (het)	kilogram (i)	['kiloˌgʁɑmˀ]
ton (duizend kilo)	ton (i, f)	['tʌnˀ]
pond (het)	pund (i)	['punˀ]
ons (het)	ounce (f)	['awns]

meter (de)	meter (f)	['meˀtʌ]
millimeter (de)	millimeter (f)	['miliˌmeˀtʌ]
centimeter (de)	centimeter (f)	['sɛntiˌmeˀtʌ]
kilometer (de)	kilometer (f)	['kiloˌmeˀtʌ]
mijl (de)	mil (f)	['miˀl]

duim (de)	tomme (f)	['tʌmə]
voet (de)	fod (f)	['foˀð]
yard (de)	yard (f)	['jɑːd]

| vierkante meter (de) | kvadratmeter (f) | [kvaˈdʁɑˀtˌmeˀtʌ] |
| hectare (de) | hektar (f) | [hɛk'tɑˀ] |

liter (de)	liter (f)	['litʌ]
graad (de)	grad (f)	['gʁɑˀð]
volt (de)	volt (f)	['vʌlˀt]
ampère (de)	ampere (f)	[amˈpɛːɐ̯]
paardenkracht (de)	hestekraft (f)	['hɛstəˌkʁɑft]

hoeveelheid (de)	mængde (f)	['mɛŋˀdə]
een beetje ...	lidt ...	['let ...]
helft (de)	halvdel (f)	['haldeˀl]

| dozijn (het) | dusin (i) | [duˈsiˀn] |
| stuk (het) | stykke (i) | ['støkə] |

| afmeting (de) | størrelse (f) | ['stœɐ̯ʌlsə] |
| schaal (bijv. ~ van 1 op 50) | målestok (f) | ['mɔːləˌstʌk] |

minimaal (bn)	minimal	[miniˈmæˀl]
minste (bn)	mindst	['menˀst]
medium (bn)	middel	['miðˀəl]
maximaal (bn)	maksimal	[maksiˈmæˀl]
grootste (bn)	størst	['stœɐ̯st]

23. Containers

glazen pot (de)	**glaskrukke** (f)	['glasˌkʁɔkə]
blik (conserven~)	**dåse** (f)	['dɔ:sə]
emmer (de)	**spand** (f)	['spanʔ]
ton (bijv. regenton)	**tønde** (f)	['tønə]

ronde waterbak (de)	**balje** (f)	['baljə]
tank (bijv. watertank-70-ltr)	**tank** (f)	['taŋʔk]
heupfles (de)	**lommelærke** (f)	['lʌməˌlæɡ̊kə]
jerrycan (de)	**dunk** (f)	['dɔŋʔk]
tank (bijv. ketelwagen)	**tank** (f)	['taŋʔk]

beker (de)	**krus** (i)	['kʁu's]
kopje (het)	**kop** (f)	['kʌp]
schoteltje (het)	**underkop** (f)	['ɔnʌˌkʌp]
glas (het)	**glas** (i)	['glas]
wijnglas (het)	**vinglas** (i)	['vi:nˌglas]
steelpan (de)	**gryde** (f)	['gʁy:ðə]

fles (de)	**flaske** (f)	['flaskə]
flessenhals (de)	**flaskehals** (f)	['flaskəˌhal's]

karaf (de)	**karaffel** (f)	[kɑ'ʁɑfəl]
kruik (de)	**kande** (f)	['kanə]
vat (het)	**beholder** (f)	[be'hʌl'ʌ]
pot (de)	**potte** (f)	['pʌtə]
vaas (de)	**vase** (f)	['væ:sə]

flacon (de)	**flakon** (f)	[fla'kʌŋ]
flesje (het)	**flaske** (f)	['flaskə]
tube (bijv. ~ tandpasta)	**tube** (f)	['tu:bə]

zak (bijv. ~ aardappelen)	**sæk** (f)	['sɛk]
tasje (het)	**pose** (f)	['po:sə]
pakje (~ sigaretten, enz.)	**pakke** (f)	['pakə]

doos (de)	**æske** (f)	['ɛskə]
kist (de)	**kasse** (f)	['kasə]
mand (de)	**kurv** (f)	['kuɡ̊'w]

MENS

Mens. Het lichaam

24. Hoofd

hoofd (het)	hoved (i)	['ho:əð]
gezicht (het)	ansigt (i)	['ansegt]
neus (de)	næse (f)	['nɛ:sə]
mond (de)	mund (f)	['mɔn']
oog (het)	øje (i)	['ʌjə]
ogen (mv.)	øjne (i pl)	['ʌjnə]
pupil (de)	pupil (f)	[pu'pil']
wenkbrauw (de)	øjenbryn (i)	['ʌjən‚bʁyˀn]
wimper (de)	øjenvippe (f)	['ʌjən‚vepə]
ooglid (het)	øjenlåg (i)	['ʌjən‚lɔˀw]
tong (de)	tunge (f)	['toŋə]
tand (de)	tand (f)	['tan']
lippen (mv.)	læber (f pl)	['lɛ:bʌ]
jukbeenderen (mv.)	kindben (i pl)	['ken‚beˀn]
tandvlees (het)	tandkød (i)	['tan‚køð]
gehemelte (het)	gane (f)	['gæ:nə]
neusgaten (mv.)	næsebor (i pl)	['nɛ:sə‚boˀɡ]
kin (de)	hage (f)	['hæ:jə]
kaak (de)	kæbe (f)	['kɛ:bə]
wang (de)	kind (f)	['ken']
voorhoofd (het)	pande (f)	['panə]
slaap (de)	tinding (f)	['tenen]
oor (het)	øre (f)	['ø:ʌ]
achterhoofd (het)	nakke (f)	['nakə]
hals (de)	hals (f)	['hal's]
keel (de)	strube, hals (f)	['stʁu:bə], ['hal's]
haren (mv.)	hår (i pl)	['hɒˀ]
kapsel (het)	frisure (f)	[fʁi'sy'ʌ]
haarsnit (de)	klipning (f)	['klepneŋ]
pruik (de)	paryk (f)	[pɑ'ʁœk]
snor (de)	moustache (f)	[mu'stæ:ɕ]
baard (de)	skæg (i)	['skɛˀg]
dragen (een baard, enz.)	at have	[ʌ 'hæ:və]
vlecht (de)	fletning (f)	['flɛtneŋ]
bakkebaarden (mv.)	bakkenbart (f)	['bakən‚bɑˀt]
ros (roodachtig, rossig)	rødhåret	['ʁœð‚hɒˀð]
grijs (~ haar)	grå	['gʁɔˀ]

| kaal (bn) | skaldet | ['skaləð] |
| kale plek (de) | skaldet plet (f) | ['skaləð‚plɛt] |

| paardenstaart (de) | hestehale (f) | ['hɛstə‚hæːlə] |
| pony (de) | pandehår (i) | ['panə‚hɒˀ] |

25. Menselijk lichaam

| hand (de) | hånd (f) | ['hʌnˀ] |
| arm (de) | arm (f) | ['ɑˀm] |

vinger (de)	finger (f)	['feŋˀʌ]
teen (de)	tå (f)	['tɔˀ]
duim (de)	tommel (f)	['tʌməl]
pink (de)	lillefinger (f)	['lilə‚feŋˀʌ]
nagel (de)	negl (f)	['nɑjˀl]

vuist (de)	knytnæve (f)	['knyt‚nɛːvə]
handpalm (de)	håndflade (f)	['hʌn‚flæːðə]
pols (de)	håndled (i)	['hʌn‚leð]
voorarm (de)	underarm (f)	['ɔnʌ‚ɑːm]
elleboog (de)	albue (f)	['al‚buːə]
schouder (de)	skulder (f)	['skulʌ]

been (rechter ~)	ben (i)	['beˀn]
voet (de)	fod (f)	['foˀð]
knie (de)	knæ (i)	['knɛˀ]
kuit (de)	læg (f)	['lɛˀg]
heup (de)	hofte (f)	['hʌftə]
hiel (de)	hæl (f)	['hɛˀl]

lichaam (het)	krop (f)	['kʁʌp]
buik (de)	mave (f)	['mæːvə]
borst (de)	bryst (i)	['bʁœst]
borst (de)	bryst (i)	['bʁœst]
zijde (de)	side (f)	['siːðə]
rug (de)	ryg (f)	['ʁœg]
lage rug (de)	lænderyg (f)	['lɛnə‚ʁœg]
taille (de)	midje, talje (f)	['miðjə], ['taljə]

navel (de)	navle (f)	['nɑwlə]
billen (mv.)	baller, balder (f pl)	['balʌ]
achterwerk (het)	bag (f)	['bæˀj]

huidvlek (de)	skønhedsplet (f)	['skœnheðs‚plɛt]
moedervlek (de)	modermærke (i)	['moːðʌ'mæɐ̯kə]
tatoeage (de)	tatovering (f)	[tato've'ɐ̯eŋ]
litteken (het)	ar (i)	['ɑˀ]

Kleding en accessoires

26. Bovenkleding. Jassen

kleren (mv.), kleding (de)	tøj (i), klæder (i pl)	['tʌj], ['klɛːðʌ]
bovenkleding (de)	overtøj (i)	['ɒwʌˌtʌj]
winterkleding (de)	vintertøj (i)	['ventʌˌtʌj]
jas (de)	frakke (f)	['fʁɑkə]
bontjas (de)	pels (f), pelskåbe (f)	['pɛlʼs], ['pɛlsˌkɔːbə]
bontjasje (het)	pelsjakke (f)	['pɛlsˌjɑkə]
donzen jas (de)	dynejakke (f)	['dyːnəˌjɑkə]
jasje (bijv. een leren ~)	jakke (f)	['jɑkə]
regenjas (de)	regnfrakke (f)	['ʁɑjnˌfʁɑkə]
waterdicht (bn)	vandtæt	['vanˌtɛt]

27. Heren & dames kleding

overhemd (het)	skjorte (f)	['skjoɐ̯tə]
broek (de)	bukser (pl)	['bɔksʌ]
jeans (de)	jeans (pl)	['djiːns]
colbert (de)	jakke (f)	['jɑkə]
kostuum (het)	jakkesæt (i)	['jɑkəˌsɛt]
jurk (de)	kjole (f)	['kjoːlə]
rok (de)	nederdel (f)	['neðʌˌdeʼl]
blouse (de)	bluse (f)	['bluːsə]
wollen vest (de)	strikket trøje (f)	['stʁɛkəð 'tʁʌjə]
blazer (kort jasje)	blazer (f)	['blɛjsʌ]
T-shirt (het)	t-shirt (f)	['tiːˌɕœːt]
shorts (mv.)	shorts (pl)	['ɕɒːts]
trainingspak (het)	træningsdragt (f)	['tʁɛːneŋsˌdʁɑgt]
badjas (de)	badekåbe (f)	['bæːðəˌkɔːbə]
pyjama (de)	pyjamas (f)	[pyˈjæːmas]
sweater (de)	sweater (f)	['swɛtʌ]
pullover (de)	pullover (f)	[pulˈɔwʌ]
gilet (het)	vest (f)	['vɛst]
rokkostuum (het)	kjolesæt (i)	['kjoːləˌsɛt]
smoking (de)	smoking (f)	['smoːkeŋ]
uniform (het)	uniform (f)	[uniˈfɔʼm]
werkkleding (de)	arbejdstøj (i)	['ɑːbɑjdsˌtʌj]
overall (de)	kedeldragt, overall (f)	['keðəlˌdʁɑgt], ['ɒwɒˌɒːl]
doktersjas (de)	kittel (f)	['kitəl]

28. Kleding. Ondergoed

ondergoed (het)	undertøj (i)	['ɔnʌˌtʌj]
herenslip (de)	boxershorts (pl)	['bʌgsʌˌɕɒːts]
slipjes (mv.)	trusser (pl)	['tʁusʌ]
onderhemd (het)	undertrøje (f)	['ɔnʌˌtʁʌjə]
sokken (mv.)	sokker (f pl)	['sʌkʌ]
nachthemd (het)	natkjole (f)	['natˌkjoːlə]
beha (de)	bh (f), brystholder (f)	[beˈhɔʔ], ['bʁœstˌhʌlˀʌ]
kniekousen (mv.)	knæstrømper (f pl)	['knɛˌstʁœmpʌ]
panty (de)	strømpebukser (pl)	['stʁœmbəˌbɔksʌ]
nylonkousen (mv.)	strømper (f pl)	['stʁœmpʌ]
badpak (het)	badedragt (f)	['bæːðəˌdʁɑgt]

29. Hoofddeksels

hoed (de)	hue (f)	['huːə]
deukhoed (de)	hat (f)	['hat]
honkbalpet (de)	baseballkasket (f)	['bɛjsˌbɒːl kaˈskɛt]
kleppet (de)	kasket (f)	[kaˈskɛt]
baret (de)	baskerhue (f)	['bɑːskʌˌhuːə]
kap (de)	hætte (f)	['hɛtə]
panamahoed (de)	panamahat (f)	['panˈamaˌhat]
gebreide muts (de)	strikhue (f)	['stʁɛkˌhuə]
hoofddoek (de)	tørklæde (i)	['tœɡˌklɛːðə]
dameshoed (de)	hat (f)	['hat]
veiligheidshelm (de)	hjelm (f)	['jɛlˀm]
veldmuts (de)	skråhue (f)	['skʁʌˌhuːə]
helm, valhelm (de)	hjelm (f)	['jɛlˀm]
bolhoed (de)	bowlerhat (f)	['bɔwlʌˌhat]
hoge hoed (de)	høj hat (f)	['hʌj 'hat]

30. Schoeisel

schoeisel (het)	sko (f)	['skoʔ]
schoenen (mv.)	støvler (f pl)	['stœwlʌ]
vrouwenschoenen (mv.)	damesko (f pl)	['dæːməˌskoː]
laarzen (mv.)	støvler (f pl)	['stœwlʌ]
pantoffels (mv.)	hjemmesko (f pl)	['jɛməˌskoʔ]
sportschoenen (mv.)	tennissko, kondisko (f pl)	['tɛnisˌskoʔ], ['kʌndiˌskoʔ]
sneakers (mv.)	kanvas sko (f pl)	['kanvas ˌskoʔ]
sandalen (mv.)	sandaler (f pl)	[sanˈdæˀlʌ]
schoenlapper (de)	skomager (f)	['skoˌmæˀjʌ]
hiel (de)	hæl (f)	['hɛˀl]

T&F Books. Thematische woordenschat Nederlands-Deens - 5000 woorden

paar (een ~ schoenen)	par (i)	['pɑ]
veter (de)	snøre (f)	['snœːʌ]
rijgen (schoenen ~)	at snøre	[ʌ 'snœːʌ]
schoenlepel (de)	skohorn (i)	['skoˌhoɡ̊ˀn]
schoensmeer (de/het)	skocreme (f)	['skoˌkʁɛˀm]

31. Persoonlijke accessoires

handschoenen (mv.)	handsker (f pl)	['hanskʌ]
wanten (mv.)	vanter (f pl)	['vanˀtʌ]
sjaal (fleece ~)	halstørklæde (i)	['hals ˈtœɡ̊ˌklɛːðə]

bril (de)	briller (pl)	['bʁɛlʌ]
brilmontuur (het)	brillestel (i)	['bʁɛləˌstɛlˀ]
paraplu (de)	paraply (f)	[pɑɑ'plyˀ]
wandelstok (de)	stok (f)	['stʌk]
haarborstel (de)	hårbørste (f)	['hoˌbœɡstə]
waaier (de)	vifte (f)	['veftə]

das (de)	slips (i)	['sleps]
strikje (het)	butterfly (f)	['bʌtʌˌflaj]
bretels (mv.)	seler (f pl)	['seːlʌ]
zakdoek (de)	lommetørklæde (i)	['lʌməˌtœɡ̊klɛːðə]

kam (de)	kam (f)	['kamˀ]
haarspeldje (het)	hårspænde (i)	['hoːˌspɛnə]
schuifspeldje (het)	hårnål (f)	['hoːˌnɔˀl]
gesp (de)	spænde (i)	['spɛnə]

broekriem (de)	bælte (i)	['bɛltə]
draagriem (de)	rem (f)	['ʁamˀ]

handtas (de)	taske (f)	['taskə]
damestas (de)	dametaske (f)	['dæːmeːˌtaskə]
rugzak (de)	rygsæk (f)	['ʁœɡˌsɛk]

32. Kleding. Diversen

mode (de)	mode (f)	['moːðə]
de mode (bn)	moderigtig	['moːðəˌʁɛgti]
kledingstilist (de)	modedesigner (f)	['moːðə de'sajnʌ]

kraag (de)	krave (f)	['kʁɑːvə]
zak (de)	lomme (f)	['lʌmə]
zak- (abn)	lomme-	['lʌmə-]
mouw (de)	ærme (i)	['æɐmə]
lusje (het)	strop (f)	['stʁʌp]
gulp (de)	gylp (f)	['gylˀp]

rits (de)	lynlås (f)	['lynˌlɔˀs]
sluiting (de)	hægte, lukning (f)	['hɛgtə], ['loknen]
knoop (de)	knap (f)	['knɑp]

| knoopsgat (het) | knaphul (i) | ['knap,hol] |
| losraken (bijv. knopen) | at falde af | [ʌ 'falə 'æ'] |

naaien (kleren, enz.)	at sy	[ʌ sy']
borduren (ww)	at brodere	[ʌ bʁo'deʔʌ]
borduursel (het)	broderi (i)	[bʁodʌ'ʁiʔ]
naald (de)	synål (f)	['sy,nɔʔl]
draad (de)	tråd (f)	['tʁɔʔð]
naad (de)	søm (f)	['sœm']

vies worden (ww)	at smudse sig til	[ʌ 'smusə sa 'tel]
vlek (de)	plet (f)	['plɛt]
gekreukt raken (ov. kleren)	at blive krøllet	[ʌ 'bli:ə 'kʁœləð]
scheuren (ov.ww.)	at rive	[ʌ 'ʁi:və]
mot (de)	møl (i)	['møl]

33. Persoonlijke verzorging. Schoonheidsmiddelen

tandpasta (de)	tandpasta (f)	['tan,pasta]
tandenborstel (de)	tandbørste (f)	['tan,bœ̞stə]
tanden poetsen (ww)	at børste tænder	[ʌ 'bœ̞stə 'tɛnʌ]

scheermes (het)	skraber (f)	['skʁɑ:bʌ]
scheerschuim (het)	barbercreme (f)	[bɑ'beʔɐ̞,kʁɛʔm]
zich scheren (ww)	at barbere sig	[ʌ bɑ'beʔʌ sɑj]

| zeep (de) | sæbe (f) | ['sɛ:bə] |
| shampoo (de) | shampoo (f) | ['ɕæ:m,pu:] |

schaar (de)	saks (f)	['sɑks]
nagelvijl (de)	neglefil (f)	['najlə,fiʔl]
nagelknipper (de)	neglesaks (f)	['najlə,sɑks]
pincet (het)	pincet (f)	[pen'sɛt]

cosmetica (de)	kosmetik (f)	[kʌsmə'tik]
masker (het)	ansigtsmaske (f)	['ansegts 'maskə]
manicure (de)	manicure (f)	[mani'ky:ʌ]
manicure doen	at få manicure	[ʌ 'fɔʔ mani'ky:ʌ]
pedicure (de)	pedicure (f)	[pedi'ky:ʌ]

cosmetica tasje (het)	kosmetiktaske (f)	[kʌsmə'tik,taskə]
poeder (de/het)	pudder (i)	['puðʔʌ]
poederdoos (de)	pudderdåse (f)	['puðʌ,dɔ:sə]
rouge (de)	rouge (f)	['ʁu:ɕ]

parfum (de/het)	parfume (f)	[pɑ'fy:mə]
eau de toilet (de)	eau de toilette (f)	[,odətoɑ'lɛt]
lotion (de)	lotion (f)	['lowɕən]
eau de cologne (de)	eau de cologne (f)	[odəko'lʌnjə]

oogschaduw (de)	øjenskygge (f)	['ʌjən,skygə]
oogpotlood (het)	eyeliner (f)	['ɑ:j,lɑjnʌ]
mascara (de)	mascara (f)	[mɑ'skɑ:ɑ]
lippenstift (de)	læbestift (f)	['lɛ:bə,steft]

nagellak (de)	neglelak (f)	['nɑjləˌlɑk]
haarlak (de)	hårspray (f)	['hɔːˌspʁɛj]
deodorant (de)	deodorant (f)	[deodoˈʁanˀt]
crème (de)	creme (f)	[ˈkʁɛˀm]
gezichtscrème (de)	ansigtscreme (f)	[ˈansegts ˈkʁɛˀm]
handcrème (de)	håndcreme (f)	[ˈhʌnˌkʁɛˀm]
antirimpelcrème (de)	antirynke creme (f)	[antəˈʁœŋkə ˈkʁɛˀm]
dagcrème (de)	dagcreme (f)	[ˈdɑwˌkʁɛˀm]
nachtcrème (de)	natcreme (f)	[ˈnatˌkʁɛˀm]
dag- (abn)	dag-	[ˈdɑw-]
nacht- (abn)	nat-	[ˈnat-]
tampon (de)	tampon (f)	[tɑmˈpʌŋ]
toiletpapier (het)	toiletpapir (i)	[toaˈlɛt paˈpiɐ̯ˀ]
föhn (de)	hårtørrer (f)	[ˈhɔːˌtœɐ̯ʌ]

34. Horloges. Klokken

polshorloge (het)	armbåndsur (i)	[ˈɑːmbʌnsˌuɐ̯ˀ]
wijzerplaat (de)	urskive (f)	[ˈuɐ̯ˌskiːvə]
wijzer (de)	viser (f)	[ˈviːsʌ]
metalen horlogeband (de)	armbånd (i)	[ˈɑːmˌbʌnˀ]
horlogebandje (het)	urrem (f)	[ˈuɐ̯ˌʁamˀ]
batterij (de)	batteri (i)	[batʌˈʁiˀ]
leeg zijn (ww)	at blive afladet	[ʌ ˈbliːə ˈɑwˌlæˀðəð]
batterij vervangen	at skifte et batteri	[ʌ ˈskiftə et batʌˈʁiˀ]
voorlopen (ww)	at gå for hurtigt	[ʌ gɔˀ fʌ ˈhoɐ̯tit]
achterlopen (ww)	at gå for langsomt	[ʌ gɔˀ fʌ ˈlɑŋˌsʌmt]
wandklok (de)	vægur (i)	[ˈvɛːgˌuɐ̯ˀ]
zandloper (de)	timeglas (i)	[ˈtiːməˌglas]
zonnewijzer (de)	solur (i)	[ˈsoːlˌuɐ̯ˀ]
wekker (de)	vækkeur (i)	[ˈvɛkəˌuɐ̯ˀ]
horlogemaker (de)	urmager (f)	[ˈuɐ̯ˌmæˀjʌ]
repareren (ww)	at reparere	[ʌ ʁɛpəˈʁɛˀʌ]

Voedsel. Voeding

35. Voedsel

vlees (het)	kød (i)	['køð]
kip (de)	høne (f)	['hœ:nə]
kuiken (het)	kylling (f)	['kyleŋ]
eend (de)	and (f)	['anˀ]
gans (de)	gås (f)	['gɔˀs]
wild (het)	vildt (i)	['vilˀt]
kalkoen (de)	kalkun (f)	[kal'kuˀn]
varkensvlees (het)	flæsk (i)	['flɛsk]
kalfsvlees (het)	kalvekød (i)	['kalvə‚køð]
schapenvlees (het)	lammekød (i)	['lamə‚køð]
rundvlees (het)	oksekød (i)	['ʌksə‚køð]
konijnenvlees (het)	kanin (f)	[ka'niˀn]
worst (de)	pølse (f)	['pølsə]
saucijs (de)	wienerpølse (f)	['viˀnʌ‚pølsə]
spek (het)	bacon (i, f)	['bɛjkʌn]
ham (de)	skinke (f)	['skeŋkə]
gerookte achterham (de)	skinke (f)	['skeŋkə]
paté, pastei (de)	pate, paté (f)	[pa'te]
lever (de)	lever (f)	['lewˀʌ]
gehakt (het)	kødfars (f)	['køð‚faˀs]
tong (de)	tunge (f)	['tɔŋə]
ei (het)	æg (i)	['ɛˀg]
eieren (mv.)	æg (i pl)	['ɛˀg]
eiwit (het)	hvide (f)	['vi:ðə]
eigeel (het)	blomme (f)	['blʌmə]
vis (de)	fisk (f)	['fesk]
zeevruchten (mv.)	fisk og skaldyr	[fesk 'ɒw 'skaldyʁˀ]
schaaldieren (mv.)	krebsdyr (i pl)	['kʁabs‚dyʁˀ]
kaviaar (de)	kaviar (f)	['kavi‚ɑˀ]
krab (de)	krabbe (f)	['kʁabə]
garnaal (de)	reje (f)	['ʁajə]
oester (de)	østers (f)	['østʌs]
langoest (de)	languster (f)	[laŋ'gustʌ]
octopus (de)	blæksprutte (f)	['blɛk‚spʁutə]
inktvis (de)	blæksprutte (f)	['blɛk‚spʁutə]
steur (de)	stør (f)	['støˀʁ]
zalm (de)	laks (f)	['laks]
heilbot (de)	helleflynder (f)	['hɛlə‚flønʌ]
kabeljauw (de)	torsk (f)	['tɔ:sk]

makreel (de)	makrel (f)	[mɑˈkʁalˀ]
tonijn (de)	tunfisk (f)	[ˈtuːnˌfesk]
paling (de)	ål (n)	[ˈɔˀl]
forel (de)	ørred (f)	[ˈœʁʌð]
sardine (de)	sardin (f)	[sɑˈdiˀn]
snoek (de)	gedde (f)	[ˈgeðə]
haring (de)	sild (f)	[ˈsilˀ]
brood (het)	brød (i)	[ˈbʁœð̩ˀ]
kaas (de)	ost (f)	[ˈɔst]
suiker (de)	sukker (i)	[ˈsɔkʌ]
zout (het)	salt (i)	[ˈsalˀt]
rijst (de)	ris (f)	[ˈʁiˀs]
pasta (de)	pasta (f)	[ˈpasta]
noedels (mv.)	nudler (f pl)	[ˈnuðˀlʌ]
boter (de)	smør (i)	[ˈsmœɐ̯]
plantaardige olie (de)	vegetabilsk olie (f)	[vegəta'biˀlsk ˈoljə]
zonnebloemolie (de)	solsikkeolie (f)	[ˈsoːlˌsekə ˌoljə]
margarine (de)	margarine (f)	[mɑgɑˈʁiːnə]
olijven (mv.)	oliven (f pl)	[oˈliˀvən]
olijfolie (de)	olivenolie (f)	[oˈliˀvənˌoljə]
melk (de)	mælk (f)	[ˈmɛlˀk]
gecondenseerde melk (de)	kondenseret mælk (f)	[kʌndənˈseˀʌð mɛlˀk]
yoghurt (de)	yoghurt (f)	[ˈjoˌguɐ̯ˀt]
zure room (de)	cremefraiche, symet fløde (f)	[kʁɛːmˈfʁɛːɕ], [ˈsyɐ̯nəð ˈfløːðə]
room (de)	fløde (f)	[ˈfløːðə]
mayonaise (de)	mayonnaise (f)	[mɑjoˈnɛːs]
crème (de)	creme (f)	[ˈkʁɛˀm]
graan (het)	gryn (i)	[ˈgʁyˀn]
meel (het), bloem (de)	mel (i)	[ˈmeˀl]
conserven (mv.)	konserves (f)	[kɔnˈsæɐ̯vəs]
maïsvlokken (mv.)	cornflakes (pl)	[ˈkoɐ̯nˌflɛks]
honing (de)	honning (f)	[ˈhʌneŋ]
jam (de)	syltetøj (i)	[ˈsyltəˌtʌj]
kauwgom (de)	tyggegummi (i)	[ˈtygəˌgomi]

36. Drankjes

water (het)	vand (i)	[ˈvanˀ]
drinkwater (het)	drikkevand (i)	[ˈdʁɛkəˌvanˀ]
mineraalwater (het)	mineralvand (i)	[minəˈʁɑlˌvanˀ]
zonder gas	uden brus	[ˈuðən ˈbʁuˀs]
koolzuurhoudend (bn)	med kulsyre	[mɛ ˈbʁuˀs]
bruisend (bn)	med brus	[mɛ ˈbʁuˀs]

IJs (het)	is (f)	['i'?s]
met ijs	med is	[mɛ 'i'?s]
alcohol vrij (bn)	alkoholfri	['alkohʌl,fʁi'?]
alcohol vrije drank (de)	alkoholfri drik (f)	['alkohʌl,fʁi'? 'dʁɛk]
frisdrank (de)	læskedrik (f)	['lɛskə,dʁɛk]
limonade (de)	limonade (f)	[limo'næːðə]
alcoholische dranken (mv.)	alkoholiske drikke (f pl)	[alko'ho'?liskə 'dʁɛkə]
wijn (de)	vin (f)	['vi'?n]
witte wijn (de)	hvidvin (f)	['við,vi'?n]
rode wijn (de)	rødvin (f)	['ʁœð,vi'?n]
likeur (de)	likør (f)	[li'kø'?ɐ̯]
champagne (de)	champagne (f)	[ɕɑm'panjə]
vermout (de)	vermouth (f)	['væɐ̯mut]
whisky (de)	whisky (f)	['wiski]
wodka (de)	vodka (f)	['vʌdka]
gin (de)	gin (f)	['djen]
cognac (de)	cognac, konjak (f)	['kʌn'?jɑg]
rum (de)	rom (f)	['ʁʌm'?]
koffie (de)	kaffe (f)	['kɑfə]
zwarte koffie (de)	sort kaffe (f)	['soɐ̯t 'kɑfə]
koffie (de) met melk	kaffe (f) med mælk	['kɑfə mɛ 'mɛl'?k]
cappuccino (de)	cappuccino (f)	[kɑpu'tjiːno]
oploskoffie (de)	pulverkaffe (f)	['pɔlvʌ,kɑfə]
melk (de)	mælk (f)	['mɛl'?k]
cocktail (de)	cocktail (f)	['kʌk,tɛjl]
milkshake (de)	milkshake (f)	['milk,ɕɛjk]
sap (het)	juice (f)	['dʒuːs]
tomatensap (het)	tomatjuice (f)	[to'mæːt,dʒuːs]
sinaasappelsap (het)	appelsinjuice (f)	[ɑpəl'si'?n 'dʒuːs]
vers geperst sap (het)	friskpresset juice (f)	['fʁɛsk,pʁasəð 'dʒuːs]
bier (het)	øl (i)	['øl]
licht bier (het)	lyst øl (i)	['lyst ,øl]
donker bier (het)	mørkt øl (i)	['mœɐ̯kt ,øl]
thee (de)	te (f)	['te'?]
zwarte thee (de)	sort te (f)	['soɐ̯t ,te'?]
groene thee (de)	grøn te (f)	['gʁœn'? ,te'?]

37. Groenten

groenten (mv.)	grøntsager (pl)	['gʁɛnt,sæ'?jʌ]
verse kruiden (mv.)	grønt (i)	['gʁœn'?t]
tomaat (de)	tomat (f)	[to'mæ'?t]
augurk (de)	agurk (f)	[a'guɐ̯k]
wortel (de)	gulerod (f)	['gulə,ʁo'?ð]

T&F Books. Thematische woordenschat Nederlands-Deens - 5000 woorden

aardappel (de)	kartoffel (f)	[kɑˈtʌfəl]
ui (de)	løg (i)	[ˈlʌjˀ]
knoflook (de)	hvidløg (i)	[ˈviðˌlʌjˀ]
kool (de)	kål (f)	[ˈkɔˀl]
bloemkool (de)	blomkål (f)	[ˈblʌmˌkɔˀl]
spruitkool (de)	rosenkål (f)	[ˈʁoːsənˌkɔˀl]
broccoli (de)	broccoli (f)	[ˈbʁʌkoli]
rode biet (de)	rødbede (f)	[ʁœðˈbeːðə]
aubergine (de)	aubergine (f)	[obæɐ̯ˈɕiːn]
courgette (de)	squash, zucchini (f)	[ˈsgwʌɕ], [suˈkiːni]
pompoen (de)	græskar (i)	[ˈgʁɑskɑ]
raap (de)	majroe (f)	[ˈmɑjˌʁoːə]
peterselie (de)	persille (f)	[pæɐ̯ˈselə]
dille (de)	dild (f)	[ˈdilˀ]
sla (de)	salat (f)	[sɑˈlæˀt]
selderij (de)	selleri (f)	[ˈselʌˌʁiˀ]
asperge (de)	asparges (f)	[ɑˈspɑˀs]
spinazie (de)	spinat (f)	[spiˈnæˀt]
erwt (de)	ærter (f pl)	[ˈæɐ̯ˀtʌ]
bonen (mv.)	bønner (f pl)	[ˈbœnʌ]
maïs (de)	majs (f)	[ˈmɑjˀs]
boon (de)	bønne (f)	[ˈbœnə]
peper (de)	peber (i, f)	[ˈpewʌ]
radijs (de)	radiser (f pl)	[ʁɑˈdisə]
artisjok (de)	artiskok (f)	[ˌɑːtiˈskʌk]

38. Vruchten. Noten

vrucht (de)	frugt (f)	[ˈfʁɔgt]
appel (de)	æble (i)	[ˈɛˀblə]
peer (de)	pære (f)	[ˈpɛˀʌ]
citroen (de)	citron (f)	[siˈtʁoˀn]
sinaasappel (de)	appelsin (f)	[ɑpəlˈsiˀn]
aardbei (de)	jordbær (i)	[ˈjoɐ̯ˌbæɐ̯]
mandarijn (de)	mandarin (f)	[mɑndɑˈʁiˀn]
pruim (de)	blomme (f)	[ˈblʌmə]
perzik (de)	fersken (f)	[ˈfæɐ̯skən]
abrikoos (de)	abrikos (f)	[ɑbʁiˈkoˀs]
framboos (de)	hindbær (i)	[ˈhenˌbæɐ̯]
ananas (de)	ananas (f)	[ˈananas]
banaan (de)	banan (f)	[bɑˈnæˀn]
watermeloen (de)	vandmelon (f)	[ˈvanmeˈloˀn]
druif (de)	drue (f)	[ˈdʁuːə]
zure kers (de)	kirsebær (i)	[ˈkiɐ̯səˌbæɐ̯]
zoete kers (de)	morel (f)	[moˈʁælˀ]
meloen (de)	melon (f)	[meˈloˀn]
grapefruit (de)	grapefrugt (f)	[ˈgʁɛjpˌfʁɔgt]

avocado (de)	avokado (f)	[avoˈkæːdo]
papaja (de)	papaja (f)	[paˈpaja]
mango (de)	mango (f)	[ˈmaŋgo]
granaatappel (de)	granatæble (i)	[gʁaˈnæˀtˌɛːblə]
rode bes (de)	ribs (i, f)	[ˈʁɛbs]
zwarte bes (de)	solbær (i)	[ˈsoːlˌbæɐ̯]
kruisbes (de)	stikkelsbær (i)	[ˈstekəlsˌbæɐ̯]
bosbes (de)	blåbær (i)	[ˈbloˀˌbæɐ̯]
braambes (de)	brombær (i)	[ˈbʁɔmˌbæɐ̯]
rozijn (de)	rosin (f)	[ʁoˈsiˀn]
vijg (de)	figen (f)	[ˈfiːən]
dadel (de)	daddel (f)	[ˈdaðˀəl]
pinda (de)	jordnød (f)	[ˈjoɐ̯ˌnøðˀ]
amandel (de)	mandel (f)	[ˈmanˀəl]
walnoot (de)	valnød (f)	[ˈvalˌnøðˀ]
hazelnoot (de)	hasselnød (f)	[ˈhasəlˌnøðˀ]
kokosnoot (de)	kokosnød (f)	[ˈkoːkosˌnøðˀ]
pistaches (mv.)	pistacier (f pl)	[piˈstæːɕʌ]

39. Brood. Snoep

suikerbakkerij (de)	konditorvarer (f pl)	[kʌnˈditʌˌvaːɑ]
brood (het)	brød (i)	[ˈbʁœðˀ]
koekje (het)	småkager (f pl)	[ˈsmʌˌkæːjʌ]
chocolade (de)	chokolade (f)	[ɕokoˈlæːðə]
chocolade- (abn)	chokolade-	[ɕokoˈlæːðə-]
snoepje (het)	konfekt, karamel (f)	[kɔnˈfɛkt], [kaɑˈmɛlˀ]
cakeje (het)	kage (f)	[ˈkæːjə]
taart (bijv. verjaardags~)	lagkage (f)	[ˈlawˌkæːjə]
pastei (de)	pie (f)	[ˈpaːj]
vulling (de)	fyld (i, f)	[ˈfylˀ]
confituur (de)	syltetøj (i)	[ˈsyltəˌtʌj]
marmelade (de)	marmelade (f)	[maməˈlæːðə]
wafel (de)	vaffel (f)	[ˈvafəl]
IJsje (het)	is (f)	[ˈiˀs]
pudding (de)	budding (f)	[ˈbuðeŋ]

40. Bereide gerechten

gerecht (het)	ret (f)	[ˈʁat]
keuken (bijv. Franse ~)	køkken (i)	[ˈkøkən]
recept (het)	opskrift (f)	[ˈʌpˌskʁɛft]
portie (de)	portion (f)	[pɒˈɕoˀn]
salade (de)	salat (f)	[saˈlæːˀt]
soep (de)	suppe (f)	[ˈsɔpə]

bouillon (de)	bouillon (f)	[bul'jʌŋ]
boterham (de)	smørrebrød (i)	['smœɐ̯ʌˌbʁœð']
spiegelei (het)	spejlæg (i)	['spɑjlˌɛ'g]
hamburger (de)	hamburger (f)	['hæːmˌbœːgʌ]
biefstuk (de)	bøf (f)	['bøf]
garnering (de)	tilbehør (i)	['telbeˌhø'ɐ̯]
spaghetti (de)	spaghetti (f)	[spa'gɛti]
aardappelpuree (de)	kartoffelmos (f)	[kɑ'tʌfəlˌmɔs]
pizza (de)	pizza (f)	['pidsa]
pap (de)	grød (f)	['gʁœð']
omelet (de)	omelet (f)	[omə'lɛt]
gekookt (in water)	kogt	['kʌgt]
gerookt (bn)	røget	['ʁʌjəð]
gebakken (bn)	stegt	['stɛgt]
gedroogd (bn)	tørret	['tœɐ̯ʌð]
diepvries (bn)	frossen	['fʁɔsən]
gemarineerd (bn)	syltet	['syltəð]
zoet (bn)	sød	['søð']
gezouten (bn)	saltet	['saltəð]
koud (bn)	kold	['kʌl']
heet (bn)	hed, varm	['heð'], ['vɑ'm]
bitter (bn)	bitter	['betʌ]
lekker (bn)	lækker	['lɛkʌ]
koken (in kokend water)	at koge	[ʌ 'kɔːwə]
bereiden (avondmaaltijd ~)	at lave	[ʌ 'læːvə]
bakken (ww)	at stege	[ʌ 'stɑjə]
opwarmen (ww)	at varme op	[ʌ 'vɑːmə ʌp]
zouten (ww)	at salte	[ʌ 'saltə]
peperen (ww)	at pebre	[ʌ 'pewʁʌ]
raspen (ww)	at rive	[ʌ 'ʁiːvə]
schil (de)	skal, skræl (f)	['skal'], ['skʁal']
schillen (ww)	at skrælle	[ʌ 'skʁalə]

41. Kruiden

zout (het)	salt (i)	['sal'ᵗ]
gezouten (bn)	saltet	['saltəð]
zouten (ww)	at salte	[ʌ 'saltə]
zwarte peper (de)	sort peber (i, f)	['soɐ̯t 'pewʌ]
rode peper (de)	rød peber (i, f)	['ʁœð 'pewʌ]
mosterd (de)	sennep (f)	['senʌp]
mierikswortel (de)	peberrod (f)	['pewʌˌʁo'ð]
condiment (het)	krydderi (i)	[kʁyðʌ'ʁi']
specerij , kruiderij (de)	krydderi (i)	[kʁyðʌ'ʁi']
saus (de)	sovs, sauce (f)	['sɒw's]
azijn (de)	eddike (f)	['ɛðikə]

anijs (de)	anis (f)	['anis]
basilicum (de)	basilikum (f)	[ba'sil'ikɔm]
kruidnagel (de)	nellike (f)	['nɛl'ekə]
gember (de)	ingefær (f)	['eŋə,fæɐ̯]
koriander (de)	koriander (f)	[kɒi'an'dʌ]
kaneel (de/het)	kanel (i, f)	[ka'ne'l]
sesamzaad (het)	sesam (f)	['se:sɑm]
laurierblad (het)	laurbærblad (i)	['lɑwʌbæɐ̯,blɑð]
paprika (de)	paprika (f)	['pɑpʁika]
komijn (de)	kommen (f)	['kʌmən]
saffraan (de)	safran (i, f)	[sa'fʁɑ'n]

42. Maaltijden

eten (het)	mad (f)	['mɑð]
eten (ww)	at spise	[ʌ 'spi:sə]
ontbijt (het)	morgenmad (f)	['mɒ:ɒn,mɑð]
ontbijten (ww)	at spise morgenmad	[ʌ 'spi:sə 'mɒ:ɒn,mɑð]
lunch (de)	frokost (f)	['fʁɔkʌst]
lunchen (ww)	at spise frokost	[ʌ 'spi:sə 'fʁɔkʌst]
avondeten (het)	aftensmad (f)	['ɑftəns,mɑð]
souperen (ww)	at spise aftensmad	[ʌ 'spi:sə 'ɑftəns,mɑð]
eetlust (de)	appetit (f)	[ɑpə'tit]
Eet smakelijk!	Velbekomme!	['vɛlbe'kʌm'ə]
openen (een fles ~)	at åbne	[ʌ 'ɔ:bnə]
morsen (koffie, enz.)	at spilde	[ʌ 'spilə]
zijn gemorst	at spildes ud	[ʌ 'spiləs uð']
koken (water kookt bij 100°C)	at koge	[ʌ 'kɔ:we]
koken (Hoe om water te ~)	at koge	[ʌ 'kɔ:we]
gekookt (~ water)	kogt	['kʌgt]
afkoelen (koeler maken)	at afkøle	[ʌ 'ɑw,kø'lə]
afkoelen (koeler worden)	at afkøles	[ʌ 'ɑw,kø'ləs]
smaak (de)	smag (f)	['smæ'j]
nasmaak (de)	bismag (f)	['bismæ'j]
volgen een dieet	at være på diæt	[ʌ 'vɛ:ʌ pɔ' di'ɛ't]
dieet (het)	diæt (f)	[di'ɛ't]
vitamine (de)	vitamin (i)	[vita'mi'n]
calorie (de)	kalorie (f)	[ka'loɐ̯'jə]
vegetariër (de)	vegetar, vegetarianer (f)	[vegə'tɑ'], [vegətɑi'æ'nʌ]
vegetarisch (bn)	vegetarisk	[vegə'tɑ'isk]
vetten (mv.)	fedt (i)	['fet]
eiwitten (mv.)	proteiner (i pl)	[pʁote'i'nʌ]
koolhydraten (mv.)	kulhydrater (i pl)	['kɔlhy,dʁɑ'dʌ]
snede (de)	skive (f)	['ski:və]
stuk (bijv. een ~ taart)	stykke (i)	['støkə]
kruimel (de)	krumme (f)	['kʁɔmə]

43. Tafelschikking

lepel (de)	ske (f)	['skeʔ]
mes (het)	kniv (f)	['kniwʔ]
vork (de)	gaffel (f)	['gafəl]

kopje (het)	kop (f)	['kʌp]
bord (het)	tallerken (f)	[ta'læɡkən]
schoteltje (het)	underkop (f)	['ɔnʌˌkʌp]
servet (het)	serviet (f)	[sæɡvi'ɛt]
tandenstoker (de)	tandstikker (f)	['tanˌstekʌ]

44. Restaurant

restaurant (het)	restaurant (f)	[ʁɛsto'ʁɑŋ]
koffiehuis (het)	cafe, kaffebar (f)	[ka'feʔ], ['kɑfəˌbɑʔ]
bar (de)	bar (f)	['bɑʔ]
tearoom (de)	tesalon (f)	['teʔsa'lʌŋ]

kelner, ober (de)	tjener (f)	['tjɛːnʌ]
serveerster (de)	servitrice (f)	[sæɡvi'tʁiːsə]
barman (de)	bartender (f)	['bɑːˌtɛndʌ]

menu (het)	menu (f)	[me'ny]
wijnkaart (de)	vinkort (i)	['viːnˌkɒːt]
een tafel reserveren	at bestille et bord	[ʌ be'stelʔə ed 'boʔɡ]

gerecht (het)	ret (f)	['ʁat]
bestellen (eten ~)	at bestille	[ʌ be'stelʔə]
een bestelling maken	at bestille	[ʌ be'stelʔə]

aperitief (de/het)	aperitif (f)	[apeɡi'tif]
voorgerecht (het)	forret (f)	['fɔːʁat]
dessert (het)	dessert (f)	[de'sɛɡʔt]

rekening (de)	regning (f)	['ʁajneŋ]
de rekening betalen	at betale regningen	[ʌ be'tæʔlə 'ʁajneŋən]
wisselgeld teruggeven	at give tilbage	[ʌ 'giʔ te'bæːjə]
fooi (de)	drikkepenge (pl)	['dʁɛkəˌpɛŋə]

Familie, verwanten en vrienden

45. Persoonlijke informatie. Formulieren

naam (de)	navn (i)	['nɑw'n]
achternaam (de)	efternavn (i)	['ɛftʌˌnɑw'n]
geboortedatum (de)	fødselsdato (f)	['føsəlsˌdæːto]
geboorteplaats (de)	fødested (i)	['føːðəˌstɛð]
nationaliteit (de)	nationalitet (f)	[naɕonali'te'ˀt]
woonplaats (de)	bopæl (i)	['boˌpɛ'l]
land (het)	land (i)	['lanˀ]
beroep (het)	fag (i), profession (f)	['fæ'j], [pʁofə'ɕo'n]
geslacht (ov. het vrouwelijk ~)	køn (i)	['kœnˀ]
lengte (de)	højde (f)	['hʌj'də]
gewicht (het)	vægt (f)	['vɛgt]

46. Familieleden. Verwanten

moeder (de)	mor (f), moder (f)	['moɐ̯], ['moːðʌ]
vader (de)	far (f), fader (f)	['fɑː], ['fæːðʌ]
zoon (de)	søn (f)	['sœn]
dochter (de)	datter (f)	['datʌ]
jongste dochter (de)	yngste datter (f)	['øn'stə 'datʌ]
jongste zoon (de)	yngste søn (f)	['øn'stə 'sœn]
oudste dochter (de)	ældste datter (f)	['ɛl'stə 'datʌ]
oudste zoon (de)	ældste søn (f)	['ɛl'stə sœn]
broer (de)	bror (f)	['bʁoɐ̯]
oudere broer (de)	storebror (f)	['stoɐ̯ˌbʁoɐ̯]
jongere broer (de)	lillebror (f)	['liləˌbʁoɐ̯]
zuster (de)	søster (f)	['søstʌ]
oudere zuster (de)	storesøster (f)	['stoɐ̯ˌsøstʌ]
jongere zuster (de)	lillesøster (f)	['liləˌsøstʌ]
neef (zoon van oom, tante)	fætter (f)	['fɛtʌ]
nicht (dochter van oom, tante)	kusine (f)	[kuˈsiːnə]
mama (de)	mor (f)	['moɐ̯]
papa (de)	papa, far (f)	['pɑpa], ['fɑː]
ouders (mv.)	forældre (pl)	[fʌˈɛl'dʁʌ]
kind (het)	barn (i)	['ba'n]
kinderen (mv.)	børn (pl)	['bœɐ̯'n]
oma (de)	bedstemor (f)	['bɛstəˌmoɐ̯]
opa (de)	bedstefar (f)	['bɛstəˌfɑː]

kleinzoon (de)	barnebarn (i)	['bɑːnəˌbɑʔn]
kleindochter (de)	barnebarn (i)	['bɑːnəˌbɑʔn]
kleinkinderen (mv.)	børnebørn (pl)	['bœɐ̯nəˌbœɐ̯ʔn]
oom (de)	onkel (f)	['ɔŋʔkəl]
tante (de)	tante (f)	['tantə]
neef (zoon van broer, zus)	nevø (f)	[ne'vø]
nicht (dochter van broer, zus)	niece (f)	[niˈɛːsə]
schoonmoeder (de)	svigermor (f)	['sviʔʌˌmoɐ̯]
schoonvader (de)	svigerfar (f)	['sviʔʌˌfɑː]
schoonzoon (de)	svigersøn (f)	['sviʔʌˌsœn]
stiefmoeder (de)	stedmor (f)	['stɛðˌmoɐ̯]
stiefvader (de)	stedfar (f)	['stɛðˌfɑː]
zuigeling (de)	spædbarn (i)	['spɛðˌbɑʔn]
wiegenkind (het)	spædbarn (i)	['spɛðˌbɑʔn]
kleuter (de)	lille barn (i)	['lilə 'bɑʔn]
vrouw (de)	kone (f)	['koːnə]
man (de)	mand (f)	['manʔ]
echtgenoot (de)	ægtemand (f)	['ɛgtəˌmanʔ]
echtgenote (de)	hustru (f)	['hustʁu]
gehuwd (mann.)	gift	['gift]
gehuwd (vrouw.)	gift	['gift]
ongehuwd (mann.)	ugift	['uˌgift]
vrijgezel (de)	ungkarl (f)	['ɔŋˌkæʔl]
gescheiden (bn)	fraskilt	['fʁɑˌskelʔt]
weduwe (de)	enke (f)	['ɛŋkə]
weduwnaar (de)	enkemand (f)	['ɛŋkəˌmanʔ]
familielid (het)	slægtning (f)	['slɛgtneŋ]
dichte familielid (het)	nær slægtning (f)	['nɛʔɐ̯ 'slɛgtneŋ]
verre familielid (het)	fjern slægtning (f)	['fjæɐ̯ʔn 'slɛgtneŋ]
familieleden (mv.)	slægtninge (pl)	['slɛgtneŋə]
wees (de), weeskind (het)	forældreløst barn (i)	[fʌˈɛlʔdʁʌløːst bɑʔn]
voogd (de)	formynder (f)	['fɔːˌmønʔʌ]
adopteren (een jongen te ~)	at adoptere	[ʌ adʌp'teʔʌ]
adopteren (een meisje te ~)	at adoptere	[ʌ adʌp'teʔʌ]

Geneeskunde

47. Ziekten

ziekte (de)	sygdom (f)	['syːˌdʌmˀ]
ziek zijn (ww)	at være syg	[ʌ 'vɛːʌ syˀ]
gezondheid (de)	helse, sundhed (f)	['hɛlsə], ['sɔnˌheð̩ˀ]

snotneus (de)	snue (f)	['snuːə]
angina (de)	angina (f)	[ɑŋ'giːna]
verkoudheid (de)	forkølelse (f)	[fʌ'køˀləlsə]
verkouden raken (ww)	at blive forkølet	[ʌ 'bliːə fʌ'køˀləð]

bronchitis (de)	bronkitis (f)	[bʁʌŋ'kitis]
longontsteking (de)	lungebetændelse (f)	['lɔŋə be'tɛnˀəlsə]
griep (de)	influenza (f)	[enflu'ɛnsa]

bijziend (bn)	nærsynet	['næɐ̯ˌsyˀnəð]
verziend (bn)	langsynet	['lɑŋˌsyˀnəð]
scheelheid (de)	skeløjethed (f)	['skelʌjəðˌheðˀ]
scheel (bn)	skeløjet	['skelʌjˀəð]
grauwe staar (de)	grå stær (f)	['gʁɔˀ 'stɛˀɐ̯]
glaucoom (het)	glaukom (i), grøn stær (f)	[glaw'koˀm], ['gʁœnˀ 'stɛˀɐ̯]

beroerte (de)	hjerneblødning (f)	['jæɐ̯nəˌbløðneŋ]
hartinfarct (het)	infarkt (i, f)	[en'faːkt]
myocardiaal infarct (het)	hjerteinfarkt (i, f)	['jæɐ̯tə en'faːkt]
verlamming (de)	lammelse (f)	['lɑmelsə]
verlammen (ww)	at lamme, at paralysere	[ʌ 'lɑmə], [ʌ paalyˀseˀʌ]

allergie (de)	allergi (f)	[alæɐ̯'giˀ]
astma (de/het)	astma (f)	['astma]
diabetes (de)	diabetes (f)	[dia'beːtəs]

tandpijn (de)	tandpine (f)	['tanˌpiːnə]
tandbederf (het)	caries, karies (f)	['kɑˀiəs]

diarree (de)	diarre (f)	[dia'ʁɛ]
constipatie (de)	forstoppelse (f)	[fʌ'stʌpəlsə]
maagstoornis (de)	mavebesvær (i)	['mæːvəˌbe'svɛˀɐ̯]
voedselvergiftiging (de)	madforgiftning (f)	['mɑðfʌˌgiftneŋ]
voedselvergiftiging oplopen	at blive madforgiftet	[ʌ 'bliːə 'mɑðfʌˌgiftəð]

artritis (de)	artritis (f)	[ɑ'tʁitis]
rachitis (de)	rakitis (f)	[ʁɑ'kitis]
reuma (het)	reumatisme (f)	[ʁʌjma'tismə]
arteriosclerose (de)	arterieforkalkning (f)	[ɑ'teˀɐ̯iə fʌ'kalˀkneŋ]

gastritis (de)	gastritis (f)	[ga'stʁitis]
blindedarmontsteking (de)	appendicit (f)	[apɛndi'sit]

galblaasontsteking (de)	galdeblærebetændelse (f)	['galə‚blɛːↄ be'tɛnˀəlsə]
zweer (de)	mavesår (i)	['mæːvə‚sɒˀ]
mazelen (mv.)	mæslinger (pl)	['mɛs‚leŋˀʌ]
rodehond (de)	røde hunde (f)	['ʁœːðə 'hunə]
geelzucht (de)	gulsot (f)	['gul‚soˀt]
leverontsteking (de)	hepatitis (f)	[hepa'titis]
schizofrenie (de)	skizofreni (f)	[skidsofʁɛ'niˀ]
dolheid (de)	rabies (f)	['ʁɑˀbjɛs]
neurose (de)	neurose (f)	[nœw'ʁoːsə]
hersenschudding (de)	hjernerystelse (f)	['jæɐ̯nə‚ʁœstəlsə]
kanker (de)	kræft (f), cancer (f)	['kʁaft], ['kanˀsʌ]
sclerose (de)	sklerose (f)	[sklə'ʁoːsə]
multiple sclerose (de)	multipel sklerose (f)	[mul'tiˀpəl sklə'ʁoːsə]
alcoholisme (het)	alkoholisme (f)	[alkoho'lismə]
alcoholicus (de)	alkoholiker (f)	[alko'hoˀlikʌ]
syfilis (de)	syfilis (f)	['syfilis]
AIDS (de)	AIDS (f)	['ɛjds]
tumor (de)	svulst, tumor (f)	['svulˀst], ['tuːmɒ]
kwaadaardig (bn)	ondartet, malign	['ɔn‚ɑˀdəð], [ma'liˀn]
goedaardig (bn)	godartet, benign	['goð‚ɑˀtəð], [be'niˀn]
koorts (de)	feber (f)	['feˀbʌ]
malaria (de)	malaria (f)	[ma'lɑˀia]
gangreen (het)	koldbrand (f)	['kʌl‚bʁɑnˀ]
zeeziekte (de)	søsyge (f)	['sø‚syːə]
epilepsie (de)	epilepsi (f)	[epilɛp'siˀ]
epidemie (de)	epidemi (f)	[epedə'miˀ]
tyfus (de)	tyfus (f)	['tyfus]
tuberculose (de)	tuberkulose (f)	[tubæɐ̯ku'loːsə]
cholera (de)	kolera (f)	['koˀleʁa]
pest (de)	pest (f)	['pɛst]

48. Symptomen. Behandelingen. Deel 1

symptoom (het)	symptom (i)	[sym'toˀm]
temperatuur (de)	temperatur (f)	[tɛmpʁa'tuɐ̯ˀ]
verhoogde temperatuur (de)	høj temperatur, feber (f)	['hʌj tɛmpʁa'tuɐ̯ˀ], ['feˀbʌ]
polsslag (de)	puls (f)	['pulˀs]
duizeling (de)	svimmelhed (f)	['svemˀəl‚heð]
heet (erg warm)	varm	['vɑˀm]
koude rillingen (mv.)	gysen (f)	['gyːsən]
bleek (bn)	bleg	['blɑjˀ]
hoest (de)	hoste (f)	['hoːstə]
hoesten (ww)	at hoste	[ʌ 'hoːstə]
niezen (ww)	at nyse	[ʌ 'nyːsə]
flauwte (de)	besvimelse (f)	[be'sviˀməlsə]
flauwvallen (ww)	at besvime	[ʌ be'sviˀmə]

blauwe plek (de)	blåt mærke (i)	['blʌt 'mæɐ̯kə]
buil (de)	bule (f)	['buːlə]
zich stoten (ww)	at slå sig	[ʌ 'slɔˀ saj]
kneuzing (de)	blåt mærke (i)	['blʌt 'mæɐ̯kə]
kneuzen (gekneusd zijn)	at støde sig	[ʌ 'sdøːðə saj]

hinken (ww)	at halte	[ʌ 'haltə]
verstuiking (de)	forvridning (f)	[fʌ'vʁiðˀnen]
verstuiken (enkel, enz.)	at forvride	[ʌ fʌ'vʁiðˀə]
breuk (de)	brud (i), fraktur (f)	['bʁuð], [fʁak'tuɐ̯ˀ]
een breuk oplopen	at få et brud	[ʌ 'fɔˀ ed 'bʁuð]

snijwond (de)	snitsår (i)	['snit‚sɒˀ]
zich snijden (ww)	at skære sig	[ʌ 'skɛːʌ saj]
bloeding (de)	blødning (f)	['bløðnen]

| brandwond (de) | brandsår (i) | ['bʁan‚sɒˀ] |
| zich branden (ww) | at brænde sig | [ʌ 'bʁanə saj] |

prikken (ww)	at stikke	[ʌ 'stekə]
zich prikken (ww)	at stikke sig	[ʌ 'stekə saj]
blesseren (ww)	at skade	[ʌ 'skæːðə]
blessure (letsel)	skade (f)	['skæːðə]
wond (de)	sår (i)	['sɒˀ]
trauma (het)	traume, trauma (i)	['tʁawmə], ['tʁawma]

ijlen (ww)	at tale i vildelse	[ʌ 'tæːlə i 'vilelsə]
stotteren (ww)	at stamme	[ʌ 'stamə]
zonnesteek (de)	solstik (i)	['soːl‚stek]

49. Symptomen. Behandelingen. Deel 2

| pijn (de) | smerte (f) | ['smæɐ̯tə] |
| splinter (de) | splint (f) | ['splenˀt] |

zweet (het)	sved (f)	['sveðˀ]
zweten (ww)	at svede	[ʌ 'sveːðə]
braking (de)	opkastning (f)	['ʌp‚kastnen]
stuiptrekkingen (mv.)	kramper (f pl)	['kʁampʌ]

zwanger (bn)	gravid	[gʁa'viðˀ]
geboren worden (ww)	at fødes	[ʌ 'føːðes]
geboorte (de)	fødsel (f)	['føsəl]
baren (ww)	at føde	[ʌ 'føːðə]
abortus (de)	abort (f)	[a'bɒˀt]

ademhaling (de)	åndedræt (i)	['ʌnə‚dʁat]
inademing (de)	indånding (f)	['en‚ʌnˀen]
uitademing (de)	udånding (f)	['uð‚ʌnˀen]
uitademen (ww)	at ånde ud	[ʌ 'ʌnə uð]
inademen (ww)	at ånde ind	[ʌ 'ʌnə enˀ]

| invalide (de) | handikappet person (f) | ['handi‚kapəð pæɐ̯'soˀn] |
| gehandicapte (de) | krøbling (f) | ['kʁœblen] |

drugsverslaafde (de)	narkoman (f)	[nɑko'mæˀn]
doof (bn)	døv	['døˀw]
stom (bn)	stum	['stɔmˀ]
doofstom (bn)	døvstum	['døw̩ˌstɔmˀ]
krankzinnig (bn)	gal, sindssyg	['gæˀl], ['senˀˌsyˀ]
krankzinnige (man)	gal mand (f)	['gæˀl 'manˀ]
krankzinnige (vrouw)	gal kvinde (f)	['gæˀl 'kvenə]
krankzinnig worden	at blive sindssyg	[ʌ 'bliːə 'senˀˌsyˀ]
gen (het)	gen (i)	['geˀn]
immuniteit (de)	immunitet (f)	[imuni'teˀt]
erfelijk (bn)	arvelig	['ɑːvəli]
aangeboren (bn)	medfødt	['mɛðˌføˀt]
virus (het)	virus (i. f)	['viːʁus]
microbe (de)	mikrobe (f)	[mi'kʁoːbə]
bacterie (de)	bakterie (f)	[bak'teɡˀiə]
infectie (de)	infektion (f)	[enfɛk'ɕoˀn]

50. Symptomen. Behandelingen. Deel 3

ziekenhuis (het)	sygehus (i)	['syːəˌhuˀs]
patiënt (de)	patient (f)	[pa'ɕɛnˀt]
diagnose (de)	diagnose (f)	[dia'gnoːsə]
genezing (de)	kur, behandling (f)	['kuɐ̯ˀ], [be'hanˀlen]
medische behandeling (de)	behandling (f)	[be'hanˀlen]
onder behandeling zijn	at blive behandlet	[ʌ 'bliːə be'hanˀləð]
behandelen (ww)	at behandle	[ʌ be'hanˀlə]
zorgen (zieken ~)	at pleje	[ʌ 'plajə]
ziekenzorg (de)	pleje (f)	['plajə]
operatie (de)	operation (f)	[opeʁɑ'ɕoˀn]
verbinden (een arm ~)	at forbinde	[ʌ fʌ'benˀə]
verband (het)	forbinding (f)	[fʌ'benˀen]
vaccin (het)	vaccination (f)	[vagsina'ɕoˀn]
inenten (vaccineren)	at vaccinere	[ʌ vaksi'neˀʌ]
injectie (de)	injektion (f)	[enjɛk'ɕoˀn]
een injectie geven	at give en sprøjte	[ʌ 'giˀ en 'spʁʌjtə]
aanval (de)	anfald (i)	['anˌfalˀ]
amputatie (de)	amputation (f)	[amputa'ɕoˀn]
amputeren (ww)	at amputere	[ʌ ampu'teˀʌ]
coma (het)	koma (f)	['koːma]
in coma liggen	at ligge i koma	[ʌ 'leɡə i 'koːma]
intensieve zorg, ICU (de)	intensivafdeling (f)	['entenˌsiwˀ 'awˌdeˀlen]
zich herstellen (ww)	at blive rask	[ʌ 'bliːə 'ʁask]
toestand (de)	tilstand (f)	['telˌstanˀ]
bewustzijn (het)	bevidsthed (f)	[be'vestˌheðˀ]
geheugen (het)	hukommelse (f)	[hu'kʌmˀəlsə]
trekken (een kies ~)	at trække ud	[ʌ 'tʁakə uð̩ˀ]

| vulling (de) | plombe (f) | ['plɔmbə] |
| vullen (ww) | at plombere | [ʌ plɔm'beˀʌ] |

| hypnose (de) | hypnose (f) | [hyp'noːsə] |
| hypnotiseren (ww) | at hypnotisere | [ʌ hypnoti'seˀʌ] |

51. Artsen

dokter, arts (de)	læge (f)	['lɛːjə]
ziekenzuster (de)	sygeplejerske (f)	['syːəˌplɑjˀʌskə]
lijfarts (de)	personlig læge (f)	[pæɐ̯'soˀnli 'lɛːjə]

tandarts (de)	tandlæge (f)	['tanˌlɛːjə]
oogarts (de)	øjenlæge (f)	['ʌjənˌlɛːjə]
therapeut (de)	terapeut (f)	[teɑ'pœwˀt]
chirurg (de)	kirurg (f)	[ki'ʁuɐ̯ˀw]

psychiater (de)	psykiater (f)	[syki'æˀtʌ]
pediater (de)	børnelæge (f)	['bœɐ̯nəˌlɛːjə]
psycholoog (de)	psykolog (f)	[syko'loˀ]
gynaecoloog (de)	gynækolog (f)	[gynɛko'loˀ]
cardioloog (de)	kardiolog (f)	[kɑdio'loˀ]

52. Geneeskunde. Medicijnen. Accessoires

geneesmiddel (het)	medicin (f)	[medi'siˀn]
middel (het)	middel (i)	['miðˀəl]
voorschrijven (ww)	at ordinere	[ʌ ɒdi'neˀʌ]
recept (het)	recept (f)	[ʁɛ'sɛpt]

tablet (de/het)	tablet (f), pille (f)	[tɑb'lɛt], ['pelə]
zalf (de)	salve (f)	['salvə]
ampul (de)	ampul (f)	[ɑm'pulˀ]
drank (de)	mikstur (f)	[meks'tuɐ̯ˀ]
siroop (de)	sirup (f)	['siˀʁɔp]
pil (de)	pille (f)	['pelə]
poeder (de/het)	pulver (i)	['pɔlˀvʌ]

verband (het)	gazebind (i)	['gæːsəˌbenˀ]
watten (mv.)	vat (i)	['vat]
jodium (het)	jod (i, f)	['joˀð]

pleister (de)	plaster (i)	['plastʌ]
pipet (de)	pipette (f)	[pi'pɛtə]
thermometer (de)	termometer (i)	[tæɐ̯mo'meˀtʌ]
spuit (de)	sprøjte (f)	['spʁʌjtə]

| rolstoel (de) | kørestol (f) | ['køːʌˌstoˀl] |
| krukken (mv.) | krykker (f pl) | ['kʁœkə] |

| pijnstiller (de) | smertestillende medicin (i) | ['smæɐ̯dəˌstelənə medi'siˀn] |
| laxeermiddel (het) | laksativ (i) | [lɑksɑ'tiwˀ] |

spiritus (de)	**sprit** (f)	['spʁit]
medicinale kruiden (mv.)	**lægeurter** (f pl)	['lɛːjəˌuɐ̯ˀtʌ]
kruiden- (abn)	**urte-**	['uɐ̯tə-]

HET MENSELIJKE LEEFGEBIED

Stad

53. Stad. Het leven in de stad

stad (de)	by (f)	['by']
hoofdstad (de)	hovedstad (f)	['hɔːəð‚stað]
dorp (het)	landsby (f)	['lans‚by']
plattegrond (de)	bykort (i)	['by‚kɒːt]
centrum (ov. een stad)	centrum (i) af byen	['sɛntʁɔm a 'byən]
voorstad (de)	forstad (f)	['fɔː‚stað]
voorstads- (abn)	forstads-	['fɔː‚staðs-]
randgemeente (de)	udkant (f)	['uð‚kan't]
omgeving (de)	omegne (f pl)	['ʌm‚ɑj'nə]
blok (huizenblok)	kvarter (i)	[kvɑ'te'ɐ̯]
woonwijk (de)	boligkvarter (i)	['boːlikvɑ'te'ɐ̯]
verkeer (het)	trafik (f)	[tʁɑ'fik]
verkeerslicht (het)	trafiklys (i)	[tʁɑ'fik‚ly's]
openbaar vervoer (het)	offentlig transport (f)	['ʌfəntli tʁɑns'pɒːt]
kruispunt (het)	kryds (i, f)	['kʁys]
zebrapad (oversteekplaats)	fodgængerovergang (f)	['foðɡɛŋʌ 'ɒwʌ‚ɡɑŋ']
onderdoorgang (de)	gangtunnel (f)	['ɡɑŋtu‚nɛl']
oversteken (de straat ~)	at gå over	[ʌ ɡɔ' 'ɒw'ʌ]
voetganger (de)	fodgænger (f)	['foð‚ɡɛŋʌ]
trottoir (het)	fortov (i)	['fɔː‚tɒw]
brug (de)	bro (f)	['bʁo']
dijk (de)	kaj (f)	['kɑj']
fontein (de)	springvand (i)	['spʁɛŋ‚van']
allee (de)	alle (f)	[a'le']
park (het)	park (f)	['pɑːk]
boulevard (de)	boulevard (f)	[bulə'vɑ'd]
plein (het)	torv (i)	['tɒ'w]
laan (de)	avenue (f)	[avə'ny]
straat (de)	gade (f)	['ɡæːðə]
zijstraat (de)	sidegade (f)	['siːðə‚ɡæːðə]
doodlopende straat (de)	blindgyde (f)	['blen'‚ɡyːðə]
huis (het)	hus (i)	['hu's]
gebouw (het)	bygning (f)	['bygneŋ]
wolkenkrabber (de)	skyskraber (f)	['sky‚skʁɑːbʌ]
gevel (de)	facade (f)	[fa'sæːðə]
dak (het)	tag (i)	['tæ'j]

T&P Books. Thematische woordenschat Nederlands-Deens - 5000 woorden

venster (het)	vindue (i)	['vendu]
boog (de)	bue (f)	['buːə]
pilaar (de)	søjle (f)	['sʌjlə]
hoek (ov. een gebouw)	hjørne (i)	['jœɐ̯ʔnə]

vitrine (de)	udstillingsvindue (i)	['uðˌstelʔeŋs 'vendu]
gevelreclame (de)	skilt (i)	['skelʔt]
affiche (de/het)	plakat (f)	[plaˈkæʔt]
reclameposter (de)	reklameplakat (f)	[ʁɛˈklæːməˌplaˈkæʔt]
aanplakbord (het)	reklameskilt (i)	[ʁɛˈklæːməˌskelʔt]

vuilnis (de/het)	affald (i)	['awˌfalʔ]
vuilnisbak (de)	skraldespand (f)	['skʁaləˌspanʔ]
afval weggooien (ww)	at smide affald	[ʌ 'smiːðə 'awˌfalʔ]
stortplaats (de)	losseplads (f)	['lʌsəˌplas]

telefooncel (de)	telefonboks (f)	[teləˈfoːnˌbʌks]
straatlicht (het)	lygtepæl (f)	['løgtəˌpɛʔl]
bank (de)	bænk (f)	['bɛŋʔk]

politieagent (de)	politibetjent (f)	[poliˈti beˈtjɛnʔt]
politie (de)	politi (i)	[poliˈtiʔ]
zwerver (de)	tigger (f)	['tegʌ]
dakloze (de)	hjemløs (f)	['jɛmˌløʔs]

54. Stedelijke instellingen

winkel (de)	forretning (f), butik (f)	[fʌˈʁatneŋ], [buˈtik]
apotheek (de)	apotek (i)	[apoˈteʔk]
optiek (de)	optik (f)	[ʌpˈtik]
winkelcentrum (het)	indkøbscenter (i)	['enˌkøʔbs ˌsɛnʔtʌ]
supermarkt (de)	supermarked (i)	['suʔpʌˌmaːkəð]

bakkerij (de)	bageri (i)	[bæjʌˈʁiʔ]
bakker (de)	bager (f)	['bæːjʌ]
banketbakkerij (de)	konditori (i)	[kʌnditʌˈʁiʔ]
kruidenier (de)	købmandsbutik (f)	['kømans buˈtik]
slagerij (de)	slagterbutik (f)	['slagtʌ buˈtik]

groentewinkel (de)	grønthandel (f)	['gʁœntˌhanʔəl]
markt (de)	marked (i)	['maːkəð]

koffiehuis (het)	cafe, kaffebar (f)	[kaˈfeʔ], ['kafəˌbaʔ]
restaurant (het)	restaurant (f)	[ʁɛstoˈʁɑŋ]
bar (de)	ølstue (f)	['ølˌstuːə]
pizzeria (de)	pizzeria (i)	[pidsəˈʁiːa]

kapperssalon (de/het)	frisørsalon (f)	[fʁiˈsøɐ̯ saˌlʌŋ]
postkantoor (het)	postkontor (i)	['pʌst kɔnˈtoʔɐ̯]
stomerij (de)	renseri (i)	[ʁansʌˈʁiʔ]
fotostudio (de)	fotoatelier (i)	['foto atəlˈje]

schoenwinkel (de)	skotøjsforretning (f)	['skoˌtʌjs fʌˈʁatneŋ]
boekhandel (de)	boghandel (f)	['bɔwˌhanʔəl]

sportwinkel (de)	sportsforretning (f)	['spɒːts fʌ'ʁatnen]
kledingreparatie (de)	reparation (f) af tøj	[ʁɛpʁɑ'ɕoˀn a 'tʌj]
kledingverhuur (de)	udlejning (f) af tøj	['uðˌlajˀnen a 'tʌj]
videotheek (de)	filmleje (f)	['filmˌlajə]
circus (de/het)	cirkus (i)	['siɐ̯kus]
dierentuin (de)	zoologisk have (f)	[soo'loˀisk 'hæːvə]
bioscoop (de)	biograf (f)	[bio'gʁɑˀf]
museum (het)	museum (i)	[mu'sɛːɔm]
bibliotheek (de)	bibliotek (i)	[biblio'teˀk]
theater (het)	teater (i)	[te'æˀtʌ]
opera (de)	opera (f)	['oˀpəʁa]
nachtclub (de)	natklub (f)	['natˌklub]
casino (het)	kasino (i)	[ka'siːno]
moskee (de)	moske (f)	[mo'skeˀ]
synagoge (de)	synagoge (f)	[syna'goːə]
kathedraal (de)	katedral (f)	[katə'dʁɑˀl]
tempel (de)	tempel (i)	['tɛmˀpəl]
kerk (de)	kirke (f)	['kiɐ̯kə]
instituut (het)	institut (i)	[ensdi'tut]
universiteit (de)	universitet (i)	[univæɐ̯si'teˀt]
school (de)	skole (f)	['skoːlə]
gemeentehuis (het)	præfektur (i)	[pʁɛfɛk'tuɐ̯ˀ]
stadhuis (het)	rådhus (i)	['ʁɔðˌhuˀs]
hotel (het)	hotel (i)	[ho'tɛlˀ]
bank (de)	bank (f)	['baŋˀk]
ambassade (de)	ambassade (f)	[ɑmba'sæːðə]
reisbureau (het)	rejsebureau (i)	['ʁajsə byˌʁo]
informatieloket (het)	informationskontor (i)	[enfoma'ɕons kɔn'toˀɐ̯]
wisselkantoor (het)	vekselkontor (i)	['vɛksəl kɔn'toˀɐ̯]
metro (de)	metro (f)	['meːtʁo]
ziekenhuis (het)	sygehus (i)	['syːəˌhuˀs]
benzinestation (het)	tankstation (f)	['tɑŋk sta'ɕˀon]
parking (de)	parkeringsplads (f)	[pɑ'keˀɐ̯eŋsˌplas]

55. Borden

gevelreclame (de)	skilt (i)	['skelˀt]
opschrift (het)	indskrift (f)	['enˌskʁɛft]
poster (de)	poster (f)	['pɔwstʌ]
wegwijzer (de)	vejviser (f)	['vɑjˌviːsʌ]
pijl (de)	pil (f)	['piˀl]
waarschuwing (verwittiging)	advarsel (f)	['aðˌvaːsəl]
waarschuwingsbord (het)	advarselsskilt (i)	['aðˌvaːsəls 'skelˀt]
waarschuwen (ww)	at advare	[ʌ 'aðˌvaˀɑ]
vrije dag (de)	fridag (f)	['fʁidæˀ]

dienstregeling (de)	køreplan (f)	['kø:ʌˌplæˀn]
openingsuren (mv.)	åbningstid (f)	['ɔ:bneŋsˌtiðˀ]

WELKOM!	VELKOMMEN!	['vɛlˌkʌmˀən]
INGANG	INDGANG	['enˌgaŋˀ]
UITGANG	UDGANG	['uðˌgaŋˀ]

DUWEN	TRYK	['tʁœk]
TREKKEN	TRÆK	['tʁak]
OPEN	ÅBENT	['ɔ:bənt]
GESLOTEN	LUKKET	['lɔkəð]

DAMES	KVINDE	['kvenə]
HEREN	MAND	['manˀ]

KORTING	RABAT	[ʁɑ'bat]
UITVERKOOP	UDSALG	['uðˌsalˀ]
NIEUW!	NYHED!	['nyheð̥]
GRATIS	GRATIS	['gʁɑ:tis]

PAS OP!	PAS PÅ!	['pas 'pɔ]
VOLGEBOEKT	INGEN LEDIGE VÆRELSER	['eŋən 'le:ðiə 'væɐ̯ʌlsʌ]
GERESERVEERD	RESERVERET	[ʁɛsæɐ̯'veˀʌð]

ADMINISTRATIE	ADMINISTRATION	[aðministʁɑ'ɕoˀn]
ALLEEN VOOR PERSONEEL	KUN FOR PERSONALE	['kɔn fʌ pæɐ̯so'næ:lə]

GEVAARLIJKE HOND	HER VOGTER JEG	['hɛˀɐ̯ 'vʌgtʌ 'jaj]
VERBODEN TE ROKEN!	RYGNING FORBUDT	['ʁyːneŋ fʌ'byˀð]
NIET AANRAKEN!	MÅ IKKE BERØRES!	[mɔ 'ekə be'ʁœˀʌs]

GEVAARLIJK	FARLIG	['fɑːli]
GEVAAR	FARE	['fɑːɑ]
HOOGSPANNING	HØJSPÆNDING	['hʌjˌspɛneŋ]
VERBODEN TE ZWEMMEN	BADNING FORBUDT	['bæːðneŋ fʌ'byˀð]
BUITEN GEBRUIK	UDE AF DRIFT	['uːðə a 'dʁɛft]

ONTVLAMBAAR	BRANDFARLIG	['bʁanˌfɑːli]
VERBODEN	FORBUDT	[fʌ'byˀt]
DOORGANG VERBODEN	ADGANG FORBUDT	['aðˌgaŋˀ fʌ'byˀð]
OPGELET PAS GEVERFD	NYMALET	['nyˌmæˀləð]

56. Stedelijk vervoer

bus, autobus (de)	bus (f)	['bus]
tram (de)	sporvogn (f)	['spoɐ̯ˌvɒwˀn]
trolleybus (de)	trolleybus (f)	['tʁʌliˌbus]
route (de)	rute (f)	['ʁuːtə]
nummer (busnummer, enz.)	nummer (i)	['nɔmˀʌ]

rijden met ...	at køre på ...	[ʌ 'køːʌ 'pɔˀ ...]
stappen (in de bus ~)	at stå på ...	[ʌ stɔˀ 'pɔˀ ...]

afstappen (ww)	at stå af ...	[ʌ stɔˀ 'æˀ ...]
halte (de)	stop, stoppested (i)	['stʌp], ['stʌpəstɛð]
volgende halte (de)	næste station (f)	['nɛstə sta'ɕoˀn]
eindpunt (het)	endestation (f)	['ɛnəsta'ɕoˀn]
dienstregeling (de)	køreplan (f)	['køːʌˌplæˀn]
wachten (ww)	at vente	[ʌ 'vɛntə]

kaartje (het)	billet (f)	[bi'lɛt]
reiskosten (de)	billetpris (f)	[bi'lɛtˌpʁiˀs]

kassier (de)	kasserer (f)	[ka'seˀʌ]
kaartcontrole (de)	billetkontrol (f)	[bi'lɛt kɔn'tʁʌlˀ]
controleur (de)	kontrollør (f)	[kʌntʁo'løˀɐ̯]

te laat zijn (ww)	at komme for sent	[ʌ 'kʌmə fʌ 'seˀnt]
missen (de bus ~)	at komme for sent til ...	[ʌ 'kʌmə fʌ 'seˀnt tel ...]
zich haasten (ww)	at skynde sig	[ʌ 'skønə sɑj]

taxi (de)	taxi (f)	['tɑksi]
taxichauffeur (de)	taxichauffør (f)	['tɑksi ɕo'føˀɐ̯]
met de taxi (bw)	i taxi	[i 'tɑksi]
taxistandplaats (de)	taxiholdeplads (f)	['tɑksi 'hʌləˌplas]
een taxi bestellen	at bestille en taxi	[ʌ be'stelˀə en 'tɑksi]
een taxi nemen	at tage en taxi	[ʌ 'tæˀ en 'tɑksi]

verkeer (het)	trafik (f)	[tʁɑ'fik]
file (de)	trafikprop (f)	[tʁɑ'fikˌpʁʌp]
spitsuur (het)	myldretid (f)	['mylʁʌˌtiðˀ]
parkeren (on.ww.)	at parkere	[ʌ pɑ'keˀʌ]
parkeren (ov.ww.)	at parkere	[ʌ pɑ'keˀʌ]
parking (de)	parkeringsplads (f)	[pɑ'keˀɐ̯eŋsˌplas]

metro (de)	metro (f)	['meːtʁo]
halte (bijv. kleine treinhalte)	station (f)	[sta'ɕoˀn]
de metro nemen	at køre med metroen	[ʌ 'køːʌ mɛ 'metʁoːən]
trein (de)	tog (i)	['tɔˀw]
station (treinstation)	banegård (f)	['bæːnəˌgɒˀ]

57. Bezienswaardigheden

monument (het)	monument (i)	[monu'mɛnˀt]
vesting (de)	fæstning (f)	['fɛstneŋ]
paleis (het)	palads (i)	[pɑ'las]
kasteel (het)	slot (i), borg (f)	['slʌt], ['bɒˀw]
toren (de)	tårn (i)	['tɒˀn]
mausoleum (het)	mausoleum (i)	[mɑwso'lɛːɔm]

architectuur (de)	arkitektur (f)	[ɑkitɛk'tuɐ̯ˀ]
middeleeuws (bn)	middelalderlig	['miðəlˌalˀʌli]
oud (bn)	gammel	['gɑməl]
nationaal (bn)	national	[naɕo'næˀl]
bekend (bn)	kendt, berømt	['kɛnˀt], [be'ʁœmˀt]
toerist (de)	turist (f)	[tu'ʁist]
gids (de)	guide (f)	['gɑjd]

rondleiding (de)	udflugt (f)	['uð̞ˌflɔgt]
tonen (ww)	at vise	[ʌ 'viːsə]
vertellen (ww)	at fortælle	[ʌ fʌ'tɛlˀə]

vinden (ww)	at finde	[ʌ 'fenə]
verdwalen (de weg kwijt zijn)	at gå vild	[ʌ gɔˀ 'vilˀ]
plattegrond (~ van de metro)	kort (i)	['kɒːt]
plattegrond (~ van de stad)	kort (i)	['kɒːt]

souvenir (het)	souvenir (f)	[suvə'niːɐ̯]
souvenirwinkel (de)	souvenirforretning (f)	[suvə'niːɐ̯ fʌ'ʁatnen]
een foto maken (ww)	at fotografere	[ʌ fotoɡʁa'feˀʌ]
zich laten fotograferen	at blive fotograferet	[ʌ 'bliːə fotoɡʁaː'feˀʌð]

58. Winkelen

kopen (ww)	at købe	[ʌ 'køːbə]
aankoop (de)	indkøb (i)	['enˌkøˀb]
winkelen (ww)	at gå på indkøb	[ʌ gɔˀ pɔ 'enˌkøˀb]
winkelen (het)	shopping (f)	['ɕʌpeŋ]

open zijn (ov. een winkel, enz.)	at være åben	[ʌ 'vɛːʌ 'ɔːbən]
gesloten zijn (ww)	at være lukket	[ʌ 'vɛːʌ 'lɔkəð]

schoeisel (het)	sko (f)	['skoˀ]
kleren (mv.)	klæder (i pl)	['klɛːðʌ]
cosmetica (de)	kosmetik (f)	[kʌsmə'tik]
voedingswaren (mv.)	madvarer (f pl)	['maðvaːʌ]
geschenk (het)	gave (f)	['gæːvə]

verkoper (de)	sælger (f)	['sɛljʌ]
verkoopster (de)	sælger (f)	['sɛljʌ]

kassa (de)	kasse (f)	['kasə]
spiegel (de)	spejl (i)	['spajˀl]
toonbank (de)	disk (f)	['disk]
paskamer (de)	prøverum (i)	['pʁœːwəˌʁɔmˀ]

aanpassen (ww)	at prøve	[ʌ 'pʁœːwə]
passen (ov. kleren)	at passe	[ʌ 'pasə]
bevallen (prettig vinden)	at kunne lide	[ʌ 'kunə 'liːðə]

prijs (de)	pris (f)	['pʁiˀs]
prijskaartje (het)	prismærke (i)	['pʁisˌmæɐ̯kə]
kosten (ww)	at koste	[ʌ 'kʌstə]
Hoeveel?	Hvor meget?	[vɒˀ 'maɒð]
korting (de)	rabat (f)	[ʁa'bat]

niet duur (bn)	billig	['bili]
goedkoop (bn)	billig	['bili]
duur (bn)	dyr	['dyɐ̯ˀ]
Dat is duur.	Det er dyrt	[de 'æɐ̯ 'dyɐ̯ˀt]
verhuur (de)	leje (f)	['lajə]

huren (smoking, enz.)	at leje	[ʌ 'lajə]
krediet (het)	kredit (f)	[kʁɛ'dit]
op krediet (bw)	på kredit	[pɔ kʁɛ'dit]

59. Geld

geld (het)	penge (pl)	['pɛŋə]
ruil (de)	veksling (f)	['vɛkslɛŋ]
koers (de)	kurs (f)	['kuɐ̯'s]
geldautomaat (de)	pengeautomat (f)	['pɛŋə awto'mæˀt]
muntstuk (de)	mønt (f)	['møn'Ꭲ]

| dollar (de) | dollar (f) | ['dʌlʌ] |
| euro (de) | euro (f) | ['œwʁo] |

lire (de)	lire (f)	['liːʌ]
Duitse mark (de)	mark (f)	['mɑːk]
frank (de)	franc (f)	['fʁɑŋˀk]
pond sterling (het)	engelske pund (i)	['ɛŋˀəlskə punˀ]
yen (de)	yen (f)	['jɛn]

schuld (geldbedrag)	gæld (f)	['gɛlˀ]
schuldenaar (de)	skyldner (f)	['skylnʌ]
uitlenen (ww)	at låne ud	[ʌ 'lɔːnə ˌuðˀ]
lenen (geld ~)	at låne	[ʌ 'lɔːnə]

bank (de)	bank (f)	['bɑŋˀk]
bankrekening (de)	konto (f)	['kʌnto]
storten (ww)	at indsætte	[ʌ 'enˌsɛtə]
op rekening storten	at sætte ind på kontoen	[ʌ 'sɛtə 'enˀ pɔ 'kʌntoːən]
opnemen (ww)	at hæve fra kontoen	[ʌ 'hɛːvə fʁɑ 'kʌntoːən]

kredietkaart (de)	kreditkort (i)	[kʁɛ'dit kɒːt]
baar geld (het)	kontanter (pl)	[kɔn'tanˀtʌ]
cheque (de)	check (f)	['ɕɛk]
een cheque uitschrijven	at skrive en check	[ʌ 'skʁiːvə en 'ɕɛk]
chequeboekje (het)	checkhæfte (i)	['ɕɛkˌhɛftə]

portefeuille (de)	tegnebog (f)	['tɑjnəˌbɔˀw]
geldbeugel (de)	pung (f)	['pɔŋˀ]
safe (de)	pengeskab (i)	['pɛŋəˌskæˀb]

erfgenaam (de)	arving (f)	['ɑːvɛŋ]
erfenis (de)	arv (f)	['ɑˀw]
fortuin (het)	formue (f)	['fɔːˌmuːə]

huur (de)	leje (f)	['lɑjə]
huurprijs (de)	husleje (f)	['husˌlɑjə]
huren (huis, kamer)	at leje	[ʌ 'lɑjə]

prijs (de)	pris (f)	['pʁiˀs]
kostprijs (de)	omkostning (f)	['ʌmˌkʌstnɛŋ]
som (de)	sum (f)	['sɔmˀ]
uitgeven (geld besteden)	at bruge	[ʌ 'bʁuːə]

kosten (mv.)	udgifter (f pl)	['uð,giftʌ]
bezuinigen (ww)	at spare	[ʌ 'spaːɑ]
zuinig (bn)	sparsommelig	[spa'sʌmˀəli]

betalen (ww)	at betale	[ʌ be'tæˀlə]
betaling (de)	betaling (f)	[be'tæˀleŋ]
wisselgeld (het)	byttepenge (pl)	['bytə,pɛŋə]

belasting (de)	skat (f)	['skat]
boete (de)	bøde (f)	['bøːðə]
beboeten (bekeuren)	at give bødestraf	[ʌ 'giˀ 'bøːðə,stʁaf]

60. Post. Postkantoor

postkantoor (het)	postkontor (i)	['pʌst kɔn'toˀɐ̯]
post (de)	post (f)	['pʌst]
postbode (de)	postbud (i)	['pʌst,buð]
openingsuren (mv.)	åbningstid (f)	['ɔːbneŋs,tiðˀ]

brief (de)	brev (i)	['bʁɛwˀ]
aangetekende brief (de)	rekommanderet brev (i)	[ʁɛkɔman'deˀʌð 'bʁɛwˀ]
briefkaart (de)	postkort (i)	['pʌst,kɒːt]
telegram (het)	telegram (i)	[tele'gʁamˀ]
postpakket (het)	postpakke (f)	['pʌst,pakə]
overschrijving (de)	pengeoverførsel (f)	['pɛŋə 'ɒwʌ,føɐ̯ˀsəl]

ontvangen (ww)	at modtage	[ʌ 'moð,tæˀ]
sturen (zenden)	at sende	[ʌ 'sɛnə]
verzending (de)	afsendelse (f)	['aw,sɛnˀəlsə]

adres (het)	adresse (f)	[a'dʁasə]
postcode (de)	postnummer (i)	['pʌst,nɔmˀʌ]
verzender (de)	afsender (f)	['aw,sɛnˀʌ]
ontvanger (de)	modtager (f)	['moð,tæˀjʌ]

naam (de)	fornavn (i)	['fɒː,nawˀn]
achternaam (de)	efternavn (i)	['ɛftʌ,nawˀn]

tarief (het)	tarif (f)	[ta'ʁif]
standaard (bn)	vanlig	['væˀnli]
zuinig (bn)	økonomisk	[øko'noˀmisk]

gewicht (het)	vægt (f)	['vɛgt]
afwegen (op de weegschaal)	at veje	[ʌ 'vajə]
envelop (de)	konvolut, kuvert (f)	[kɔnvo'lut], [ku'væɐ̯t]
postzegel (de)	frimærke (i)	['fʁi,mæɐ̯kə]
een postzegel plakken op	at frankere	[ʌ fʁɑŋ'keˀʌ]

Woning. Huis. Thuis

61. Huis. Elektriciteit

elektriciteit (de)	elektricitet (f)	[elɛktʁisi'te'ˀt]
lamp (de)	elpære (f)	['ɛl̩ˌpɛˀʌ]
schakelaar (de)	afbryder (f)	['awˌbʁyðˀʌ]
zekering (de)	sikring (f)	['sekʁɛŋ]
draad (de)	ledning (f)	['leðneŋ]
bedrading (de)	ledningsnet (i)	['leðneŋsˌnɛt]
elektriciteitsmeter (de)	elmåler (f)	['ɛlˌmɔːlʌ]
gegevens (mv.)	aflæsninger (f pl)	['awˌlɛˀsneŋʌ]

62. Villa. Herenhuis

landhuisje (het)	fritidshus (i)	['fʁitiðsˌhuˀs]
villa (de)	villa (f)	['vila]
vleugel (de)	fløj (f)	['flʌjˀ]
tuin (de)	have (f)	['hæːvə]
park (het)	park (f)	['pɑːk]
oranjerie (de)	drivhus (i)	['dʁiwˌhuˀs]
onderhouden (tuin, enz.)	at tage vare	[ʌ 'tæˀ 'vɑːɑ]
zwembad (het)	svømmebassin (i)	['svœməbaˌsɛŋ]
gym (het)	gym (i)	['dʒyːmˀ]
tennisveld (het)	tennisbane (f)	['tɛnisˌbæːnə]
bioscoopkamer (de)	hjemmebio (f)	['jɛməˌbiːo]
garage (de)	garage (f)	[gɑ'ʁɑːɕə]
privé-eigendom (het)	privat ejendom (f)	[pʁi'væˀt 'ajənˌdʌmˀ]
eigen terrein (het)	privat grund (f)	[pʁi'væˀt 'gʁɔnˀ]
waarschuwing (de)	advarsel (f)	['aðˌvɑːsəl]
waarschuwingsbord (het)	advarselsskilt (i)	['aðˌvɑːsəls 'skelˀt]
bewaking (de)	sikkerhed (f)	['sekʌˌheðˀ]
bewaker (de)	sikkerhedsvagt (f)	['sekʌˌheðs 'vagt]
inbraakalarm (het)	tyverialarm (f)	[tywʌ'ʁi a'lɑˀm]

63. Appartement

appartement (het)	lejlighed (f)	['lajliˌheðˀ]
kamer (de)	rum, værelse (i)	['ʁɔmˀ], ['væʁʌlsə]
slaapkamer (de)	soveværelse (i)	['sɒwəˌvæʁʌlsə]

T&P Books. Thematische woordenschat Nederlands-Deens - 5000 woorden

eetkamer (de)	spisestue (f)	['spi:sə‚stu:ə]
salon (de)	dagligstue (f)	['dɑwli‚stu:ə]
studeerkamer (de)	arbejdsværelse (i)	['ɑ:bɑjds‚væɐ̯ʌlsə]
gang (de)	entre (f), forstue (f)	[ɑŋ'tʁɛ], ['fɔ‚stu:ə]
badkamer (de)	badeværelse (i)	['bæ:ðə‚væɐ̯ʌlsə]
toilet (het)	toilet (i)	[toɑ'lɛt]
plafond (het)	loft (i)	['lʌft]
vloer (de)	gulv (i)	['gɔl]
hoek (de)	hjørne (i)	['jœɐ̯ˀnə]

64. Meubels. Interieur

meubels (mv.)	møbler (pl)	['møˀblʌ]
tafel (de)	bord (i)	['boˀɐ̯]
stoel (de)	stol (f)	['stoˀl]
bed (het)	seng (f)	['sɛŋˀ]
bankstel (het)	sofa (f)	['so:fa]
fauteuil (de)	lænestol (f)	['lɛ:nə‚stoˀl]
boekenkast (de)	bogskab (i)	['bɔw‚skæ:b]
boekenrek (het)	hylde (f)	['hylə]
kledingkast (de)	klædeskab (i)	['klɛ:ðə‚skæˀb]
kapstok (de)	knagerække (f)	['knæ:jə‚ʁɑkə]
staande kapstok (de)	stumtjener (f)	['stɔm‚tjɛ:nʌ]
commode (de)	kommode (f)	[kɔ'mo:ðə]
salontafeltje (het)	sofabord (i)	['so:fa‚boˀɐ̯]
spiegel (de)	spejl (i)	['spɑjˀl]
tapijt (het)	tæppe (i)	['tɛpə]
tapijtje (het)	lille tæppe (i)	['lilə 'tɛpə]
haard (de)	pejs (f), kamin (f)	['pɑjˀs], [kɑ'miˀn]
kaars (de)	lys (i)	['lyˀs]
kandelaar (de)	lysestage (f)	['lysə‚stæ:jə]
gordijnen (mv.)	gardiner (i pl)	[gɑ'diˀnʌ]
behang (het)	tapet (i)	[tɑ'peˀt]
jaloezie (de)	persienne (f)	[pæɐ̯'ɕɛnə]
bureaulamp (de)	bordlampe (f)	['boɐ̯‚lɑmpə]
wandlamp (de)	væglampe (f)	['vɛg‚lɑmpə]
staande lamp (de)	standerlampe (f)	['stɑnʌ‚lɑmpə]
luchter (de)	lysekrone (f)	['lysə‚kʁo:nə]
poot (ov. een tafel, enz.)	ben (i)	['beˀn]
armleuning (de)	armlæn (i)	['ɑˀm‚lɛˀn]
rugleuning (de)	ryg (f), ryglæn (i)	['ʁœg], ['ʁœg‚lɛˀn]
la (de)	skuffe (f)	['skɔfə]

65. Beddengoed

beddengoed (het)	sengetøj (i)	['sɛŋəˌtʌj]
kussen (het)	pude (f)	['puːðə]
kussenovertrek (de)	pudebetræk (i)	['puːðə beˈtʁak]
deken (de)	dyne (f)	['dyːnə]
laken (het)	lagen (i)	['læjˀən]
sprei (de)	sengetæppe (i)	['sɛŋəˌtɛpə]

66. Keuken

keuken (de)	køkken (i)	['køkən]
gas (het)	gas (f)	['gas]
gasfornuis (het)	gaskomfur (i)	['gasˌkɔmˈfuɐ̯ˀ]
elektrisch fornuis (het)	elkomfur (i)	['ɛlˌkɔmˈfuɐ̯ˀ]
oven (de)	bageovn (f)	['bæːjəˌɒwˀn]
magnetronoven (de)	mikroovn (f)	['mikʁoˌɒwˀn]
koelkast (de)	køleskab (i)	['køːləˌskæˀb]
diepvriezer (de)	fryser (f)	['fʁyːsʌ]
vaatwasmachine (de)	opvaskemaskine (f)	[ʌpˈvaskə maˈskiːnə]
vleesmolen (de)	kødhakker (f)	['køðˌhakʌ]
vruchtenpers (de)	juicepresser (f)	['dʒuːsˌpʁasʌ]
toaster (de)	brødrister, toaster (f)	['bʁœðˌʁɛstʌ], ['tɔwstʌ]
mixer (de)	mikser, mixer (f)	['meksʌ]
koffiemachine (de)	kaffemaskine (f)	['kafə maˈskiːnə]
koffiepot (de)	kaffekande (f)	['kafəˌkanə]
koffiemolen (de)	kaffekværn (f)	['kafəˌkvæɐ̯ˀn]
fluitketel (de)	kedel (f)	['keðəl]
theepot (de)	tekande (f)	['teˌkanə]
deksel (de/het)	låg (i)	['lɔˀw]
theezeefje (het)	tesi (f)	['teˀˌsiˀ]
lepel (de)	ske (f)	['skeˀ]
theelepeltje (het)	teske (f)	['teˀˌskeˀ]
eetlepel (de)	spiseske (f)	['spiːsəˌskeˀ]
vork (de)	gaffel (f)	['gafəl]
mes (het)	kniv (f)	['kniwˀ]
vaatwerk (het)	service (i)	[sæɐ̯ˈviːsə]
bord (het)	tallerken (f)	[taˈlæɐ̯kən]
schoteltje (het)	underkop (f)	['ɔnʌˌkʌp]
likeurglas (het)	shotglas (i)	['ɕʌtˌglas]
glas (het)	glas (i)	['glas]
kopje (het)	kop (f)	['kʌp]
suikerpot (de)	sukkerskål (f)	['sɔkʌˌskɔˀl]
zoutvat (het)	saltbøsse (f)	['saltˌbøsə]
pepervat (het)	peberbøsse (f)	['pewʌˌbøsə]

boterschaaltje (het)	smørskål (f)	['smœɐ̯ˌskɔˀl]
steelpan (de)	gryde (f)	['gʁy:ðə]
bakpan (de)	stegepande (f)	['stajəˌpanə]
pollepel (de)	slev (f)	['slewˀ]
vergiet (de/het)	dørslag (i)	['dœɐ̯ˌslæˀj]
dienblad (het)	bakke (f)	['bakə]
fles (de)	flaske (f)	['flaskə]
glazen pot (de)	glasdåse (f)	['glasˌdɔ:sə]
blik (conserven~)	dåse (f)	['dɔ:sə]
flesopener (de)	oplukker (f)	['ʌpˌlɔkʌ]
blikopener (de)	dåseåbner (f)	['dɔ:səˌɔ:bnʌ]
kurkentrekker (de)	proptrækker (f)	['pʁʌpˌtʁakʌ]
filter (de/het)	filter (i)	['filˀtʌ]
filteren (ww)	at filtrere	[ʌ filˀtʁɛˀʌ]
huisvuil (het)	affald, skrald (i)	['awˌfalˀ], ['skʁalˀ]
vuilnisemmer (de)	skraldespand (f)	['skʁaləˌspanˀ]

67. Badkamer

badkamer (de)	badeværelse (i)	['bæ:ðəˌvæɐ̯ʌlsə]
water (het)	vand (i)	['vanˀ]
kraan (de)	hane (f)	['hæ:nə]
warm water (het)	varmt vand (i)	['vɑˀmt vanˀ]
koud water (het)	koldt vand (i)	['kʌlt vanˀ]
tandpasta (de)	tandpasta (f)	['tanˌpasta]
tanden poetsen (ww)	at børste tænder	[ʌ 'bœɐ̯stə 'tɛnʌ]
tandenborstel (de)	tandbørste (f)	['tanˌbœɐ̯stə]
zich scheren (ww)	at barbere sig	[ʌ bɑ'beˀʌ sɑj]
scheercrème (de)	barberskum (i)	[bɑ'beˀɐ̯ˌskɔmˀ]
scheermes (het)	skraber (f)	['skʁɑ:bʌ]
wassen (ww)	at vaske	[ʌ 'vaskə]
een bad nemen	at vaske sig	[ʌ 'vaskə sɑj]
douche (de)	brusebad (i)	['bʁu:səˌbaðˀ]
een douche nemen	at tage brusebad	[ʌ 'tæˀ 'bʁu:səˌbaðˀ]
bad (het)	badekar (i)	['bæ:ðəˌkɑ]
toiletpot (de)	toiletkumme (f)	[toɑ'lɛt 'komə]
wastafel (de)	håndvask (f)	['hʌnˀˌvask]
zeep (de)	sæbe (f)	['sɛ:bə]
zeepbakje (het)	sæbeskål (f)	['sɛ:bəˌskɔˀl]
spons (de)	svamp (f)	['svɑmˀp]
shampoo (de)	shampoo (f)	['ɕæ:mˌpu:]
handdoek (de)	håndklæde (i)	['hʌnˌklɛ:ðə]
badjas (de)	badekåbe (f)	['bæ:ðəˌkɔ:bə]
was (bijv. handwas)	vask (f)	['vask]
wasmachine (de)	vaskemaskine (f)	['vaskə ma'ski:nə]

de was doen   at vaske tøj   [ʌ 'vaskə 'tʌj]
waspoeder (de)   vaskepulver (i)   ['vaskə pɔlʔvʌ]

68. Huishoudelijke apparaten

televisie (de)	tv, fjernsyn (i)	['teʔ veʔ], ['fjæɐ̯n syʔn]
cassettespeler (de)	båndoptager (f)	['bɒn ʌbtæʔʌ]
videorecorder (de)	video (f)	['viʔdjo]
radio (de)	radio (i)	['ʁɑʔdjo]
speler (de)	afspiller (f)	['aw spelʔʌ]

videoprojector (de)	projektor (f)	[pʁo'ɕɛktʌ]
home theater systeem (het)	hjemmebio (f)	['jɛmə biːo]
DVD-speler (de)	dvd-afspiller (f)	[deve'deʔ aw'spelʔʌ]
versterker (de)	forstærker (f)	[fʌ'stæɐ̯kʌ]
spelconsole (de)	spillekonsol (f)	['spelə kɔn'sʌlʔ]

videocamera (de)	videokamera (i)	['viʔdjo kæʔməʁɑ]
fotocamera (de)	kamera (i)	['kæʔməʁɑ]
digitale camera (de)	digitalkamera (i)	[digi'tæʔl kæʔməʁɑ]

stofzuiger (de)	støvsuger (f)	['støw suʔʌ]
strijkijzer (het)	strygejern (i)	['stʁyə jæɐ̯ʔn]
strijkplank (de)	strygebræt (i)	['stʁyə bʁat]

telefoon (de)	telefon (f)	[telə'foʔn]
mobieltje (het)	mobiltelefon (f)	[mo'bil telə'foʔn]
schrijfmachine (de)	skrivemaskine (f)	['skʁiːvə ma'skiːnə]
naaimachine (de)	symaskine (f)	['syma skiːnə]

microfoon (de)	mikrofon (f)	[mikʁo'foʔn]
koptelefoon (de)	hovedtelefoner (f pl)	['hoːəð telə'foʔnʌ]
afstandsbediening (de)	fjernbetjening (f)	['fjæɐ̯n be'tjɛʔnen]

CD (de)	cd (f)	[se'deʔ]
cassette (de)	kassette (f)	[ka'sɛtə]
vinylplaat (de)	plade (f)	['plæːðə]

MENSELIJKE ACTIVITEITEN

Baan. Business. Deel 1

69. Kantoor. Op kantoor werken

Nederlands	Deens	Uitspraak
kantoor (het)	kontor (i)	[kɔn'toʔɐ̯]
kamer (de)	kontor (i)	[kɔn'toʔɐ̯]
receptie (de)	reception (f)	[ʁɛsəp'ɕoʔn]
secretaris (de)	sekretær (f)	[sekʁə'tɛʔɐ̯]
secretaresse (de)	sekretær (f)	[sekʁə'tɛʔɐ̯]
directeur (de)	direktør (f)	[diʁɐk'tøʔɐ̯]
manager (de)	manager (f)	['manidjʌ]
boekhouder (de)	bogholder (f)	['bɔwˌhʌlʌ]
werknemer (de)	ansat (f)	['ansət]
meubilair (het)	møbler (pl)	['møʔblʌ]
tafel (de)	bord (i)	['boʔɐ̯]
bureaustoel (de)	arbejdsstol (f)	['ɑːbɑjdsˌstoʔl]
ladeblok (het)	skuffeboks (f)	['skɔfəˌbʌks]
kapstok (de)	stumtjener (f)	['stɔmˌtjɛːnʌ]
computer (de)	computer (f)	[kʌm'pjuːtʌ]
printer (de)	skriver, printer (f)	['skʁiːvʌ], ['pʁɛntʌ]
fax (de)	fax (f)	['faks]
kopieerapparaat (het)	kopimaskine (f)	[ko'pi ma'skiːnə]
papier (het)	papir (i)	[pa'piɐ̯ʔ]
kantoorartikelen (mv.)	kontorartikler (f pl)	[kɔn'toʔɐ̯ˌɑ'tiklʌ]
muismat (de)	musemåtte (f)	['muːsəˌmʌtə]
blad (het)	ark (i)	['ɑːk]
ordner (de)	mappe (f)	['mapə]
catalogus (de)	katalog (i, f)	[kata'loʔ]
telefoongids (de)	telefonbog (f)	[teləˈfoːnˌboʔw]
documentatie (de)	dokumentation (f)	[dokumɛntaˈɕoʔn]
brochure (de)	brochure (f)	[bʁoˈɕyːʌ]
flyer (de)	reklameblad (i)	[ʁɛˈklæːməˌblað]
monster (het), staal (de)	prøve (f)	['pʁœːwə]
training (de)	træning (f)	['tʁɛːneŋ]
vergadering (de)	møde (i)	['møːðə]
lunchpauze (de)	frokostpause (f)	['fʁɔkʌstˌpɑwsə]
een kopie maken	at lave en kopi	[ʌ 'læːvə en koˈpiʔ]
de kopieën maken	at kopiere	[ʌ koˈpjeʔʌ]
een fax ontvangen	at modtage en fax	[ʌ 'moðˌtæʔ en 'faks]
een fax versturen	at sende en fax	[ʌ 'sɛnə en 'faks]

opbellen (ww)   at ringe   [ʌ 'ʁɛŋə]
antwoorden (ww)   at svare   [ʌ 'svaːɑ]
doorverbinden (ww)   at give ...   [ʌ 'giˀ ...]

afspreken (ww)   at arrangere   [ʌ ɑɑŋ'ɕeˀʌ]
demonstreren (ww)   at demonstrere   [ʌ demɔn'stʁɛˀʌ]
absent zijn (ww)   at være fraværende   [ʌ 'vɛːʌ 'fʁɑˌvɛˀʌnə]
afwezigheid (de)   fravær (i)   ['fʁɑˌvɛˀɐ̯]

70. Bedrijfsprocessen. Deel 1

bedrijf (business)   forretning (f)   [fʌ'ʁatneŋ]
zaak (de), beroep (het)   erhverv (i), stilling (f)   [æɐ̯'væɐ̯ˀw], ['steleŋ]
firma (de)   firma (i)   ['fiɐ̯mɑ]
bedrijf (maatschap)   selskab (i)   ['sɛlˌskæˀb]
corporatie (de)   korporation (f)   [kɒpoʁɑ'ɕoˀn]
onderneming (de)   foretagende (i)   ['fɔːɒˌtæˀjənə]
agentschap (het)   agentur (i)   [aɡɛn'tuɐ̯ˀ]

overeenkomst (de)   aftale (f)   ['ɑwˌtæːlə]
contract (het)   kontrakt (f)   [kɔn'tʁakt]
transactie (de)   aftale (f)   ['ɑwˌtæːlə]
bestelling (de)   bestilling (f)   [be'stelˀeŋ]
voorwaarde (de)   vilkår (i)   ['vilˌkɒˀ]

in het groot (bw)   en gros   [ɑŋ'gʁo]
groothandels- (abn)   engros-   [ɑŋ'gʁo-]
groothandel (de)   engroshandel (f)   [ɑŋ'gʁoˌhanˀəl]
kleinhandels- (abn)   detail-   [de'tɑjl-]
kleinhandel (de)   detailhandel (f)   [de'tɑjlˌhanˀəl]

concurrent (de)   konkurrent (f)   [kʌŋko'ʁanˀt]
concurrentie (de)   konkurrence (f)   [kʌŋko'ʁaŋsə]
concurreren (ww)   at konkurrere   [ʌ kʌŋko'ʁɛˀʌ]

partner (de)   partner (f)   ['pɑːtnʌ]
partnerschap (het)   partnerskab (i)   ['pɑːtnʌˌskæˀb]

crisis (de)   krise (f)   ['kʁiˀsə]
bankroet (het)   konkurs (f)   [kʌŋ'kuɐ̯ˀs]
bankroet gaan (ww)   at gå konkurs   [ʌ 'gɔˀ kʌŋ'kuɐ̯ˀs]
moeilijkheid (de)   vanskelighed (f)   ['vanskəliˌheðˀ]
probleem (het)   problem (i)   [pʁo'bleˀm]
catastrofe (de)   katastrofe (f)   [kata'stʁoːfə]

economie (de)   økonomi (f)   [økono'miˀ]
economisch (bn)   økonomisk   [øko'nɔˀmisk]
economische recessie (de)   økonomisk nedgang (f)   [øko'nɔˀmisk 'neðˌgɑŋˀ]

doel (het)   mål (i)   ['mɔˀl]
taak (de)   opgave (f)   ['ʌpˌgæːvə]

handelen (handel drijven)   at handle   [ʌ 'hanlə]
netwerk (het)   netværk (i)   ['nɛtˌvæɐ̯k]

| voorraad (de) | lager (i) | ['læˀjʌ] |
| assortiment (het) | sortiment (i) | [sɒti'mɑŋ] |

leider (de)	leder (f)	['leːðʌ]
groot (bn)	stor	['stoˀɐ̯]
monopolie (het)	monopol (i)	[monoˈpoˀl]

theorie (de)	teori (f)	[teoˈʁiˀ]
praktijk (de)	praksis (f)	['pʁɑksis]
ervaring (de)	erfaring (f)	[æɐ̯'fɑˀen]
tendentie (de)	tendens (f)	[tɛnˈdɛnˀs]
ontwikkeling (de)	udvikling (f)	['uðˌveklen]

71. Bedrijfsprocessen. Deel 2

| voordeel (het) | udbytte (i), fordel (f) | ['uðˌbytə], ['fɒːˌdeˀl] |
| voordelig (bn) | fordelagtig | [fɒdelˈɑgdi] |

delegatie (de)	delegation (f)	[deləgɑˈɕoˀn]
salaris (het)	løn (f)	['lœnˀ]
corrigeren (fouten ~)	at rette	[ʌ 'ʁatə]
zakenreis (de)	forretningsrejse (f)	[fʌˈʁatneŋsˌʁɑjsə]
commissie (de)	provision (f)	[pʁoviˈɕoˀn]

controleren (ww)	at kontrollere	[ʌ kʌntʁoˈleˀʌ]
conferentie (de)	konference (f)	[kʌnfəˈʁɑŋsə]
licentie (de)	licens (f)	[liˈsɛnˀs]
betrouwbaar (partner, enz.)	pålidelig	[pʌˈliðˀeli]

aanzet (de)	initiativ (i)	[enitiɑˈtiwˀ]
norm (bijv. ~ stellen)	norm (f)	['nɒˀm]
omstandigheid (de)	omstændighed (f)	[ʌmˈstɛnˀdiˌheðˀ]
taak, plicht (de)	pligt (f)	['plegt]

organisatie (bedrijf, zaak)	organisation (f)	[ɒgɑnisɑˈɕoˀn]
organisatie (proces)	organisering (f)	[ɒgɑniˈseˀɐ̯en]
georganiseerd (bn)	organiseret	[ɒgɑniˈseˀʌð]
afzegging (de)	annullering (f)	[anuˈleˀʁen]
afzeggen (ww)	at aflyse, at annullere	[ʌ 'awˌlyˀsə], [ʌ anuˈleˀʌ]
verslag (het)	rapport (f)	[ʁɑˈpɒːt]

patent (het)	patent (i)	[pɑˈtɛnˀt]
patenteren (ww)	at patentere	[ʌ pɑtənˈteˀʌ]
plannen (ww)	at planlægge	[ʌ 'plæːnˌlɛgə]

premie (de)	bonus (f), gratiale (i)	['boːnus], [gʁɑtiˈæːlə]
professioneel (bn)	professionel	[pʁoˈfɛɕoˌnɛlˀ]
procedure (de)	procedure (f)	[pʁoseˈdyːʌ]

onderzoeken (contract, enz.)	at undersøge	[ʌ 'ɒnʌˌsøːjə]
berekening (de)	beregning (f)	[beˈʁɑjˀnen]
reputatie (de)	rygte (i)	['ʁœgtə]
risico (het)	risiko (f)	['ʁisiko]
beheren (managen)	at styre, at lede	[ʌ 'styːʌ], [ʌ 'leːðə]

informatie (de)	oplysninger (f pl)	['ʌpˌlyˀsneŋʌ]
eigendom (bezit)	ejendom (f)	['ɑjənˌdʌmˀ]
unie (de)	forbund (i)	['fɔːˌbɔnˀ]

levensverzekering (de)	livsforsikring (f)	['liwsfʌˌsekʁɛŋ]
verzekeren (ww)	at forsikre	[ʌ fʌ'sekʁʌ]
verzekering (de)	forsikring (f)	[fʌ'sekʁɛŋ]

veiling (de)	auktion (f)	[ɑwk'ɕoˀn]
verwittigen (ww)	at underrette	[ʌ 'ɔnʌˌʁɑtə]
beheer (het)	ledelse (f)	['leːðəlsə]
dienst (de)	tjeneste (f)	['tjɛːnəstə]

forum (het)	forum (i)	['foːʁɔm]
functioneren (ww)	at fungere	[ʌ fɔŋ'geˀʌ]
stap, etappe (de)	etape (f)	[e'tɑpə]
juridisch (bn)	juridisk	[ju'ʁiðˀisk]
jurist (de)	jurist (f)	[ju'ʁist]

72. Productie. Werken

industriële installatie (fabriek)	værk (i)	['væɐ̯k]
fabriek (de)	fabrik (f)	[fɑ'bʁɛk]
werkplaatsruimte (de)	værksted (i)	['væɐ̯kˌstɛð]
productielocatie (de)	produktionssted (i)	[pʁodok'ɕoˀnˌstɛð]

industrie (de)	industri (f)	[endu'stʁiˀ]
industrieel (bn)	industriel	[endusdʁi'ɛlˀ]
zware industrie (de)	tung industri (f)	['tɔŋ enduˌstʁiˀ]
lichte industrie (de)	let industri (f)	[ˌlɛt endu'stʁiˀ]

productie (de)	produktion (f)	[pʁodok'ɕoˀn]
produceren (ww)	at producere	[ʌ pʁodu'seˀʌ]
grondstof (de)	råstoffer (i pl)	['ʁʌˌstʌfʌ]

voorman, ploegbaas (de)	sjakbajs (f)	['ɕɑkˌbɑjˀs]
ploeg (de)	sjak (i)	['ɕɑk]
arbeider (de)	arbejder (f)	['ɑːˌbɑjˀdʌ]

werkdag (de)	arbejdsdag (f)	['ɑːbɑjdsˌdæˀ]
pauze (de)	hvilepause (f)	['viːləˌpɑwsə]
samenkomst (de)	møde (i)	['møːðə]
bespreken (spreken over)	at drøfte, at diskutere	[ʌ 'dʁœftə], [ʌ disku'teˀʌ]

plan (het)	plan (f)	['plæˀn]
het plan uitvoeren	at opfylde planen	[ʌ 'ʌpˌfylˀə 'plæːnən]
productienorm (de)	produktionsmål (i)	[pʁodok'ɕoˀns mɔl]
kwaliteit (de)	kvalitet (f)	[kvali'teˀt]
controle (de)	kontrol (f)	[kɔn'tʁʌlˀ]
kwaliteitscontrole (de)	kvalitetskontrol (f)	[kvali'teˀt kɔn'tʁʌlˀ]

arbeidsveiligheid (de)	arbejdssikkerhed (f)	['ɑːbɑjds 'sekʌˌheðˀ]
discipline (de)	disciplin (f)	[disip'liˀn]
overtreding (de)	brud (i)	['bʁuð]

T&P Books. Thematische woordenschat Nederlands-Deens - 5000 woorden

overtreden (ww)	at bryde	[ʌ 'bʁy:ðə]
staking (de)	strejke (f)	['stʁajkə]
staker (de)	strejkende (f)	['stʁajkɛnə]
staken (ww)	at strejke	[ʌ 'stʁajkə]
vakbond (de)	fagforening (f)	['fawfʌˌeˀnen]

uitvinden (machine, enz.)	at opfinde	[ʌ 'ʌpˌfenˀə]
uitvinding (de)	opfindelse (f)	['ʌpˌfenˀəlsə]
onderzoek (het)	forskning (f)	['fɔ:sknen]
verbeteren (beter maken)	at forbedre	[ʌ fʌ'bɛðˀʁʌ]
technologie (de)	teknologi (f)	[tɛknolo'giˀ]
technische tekening (de)	teknisk tegning (f)	['tɛknisk 'tajnen]

vracht (de)	last (f)	['last]
lader (de)	lastearbejder (f)	['lastəˈɑːˌbajˀdʌ]
laden (vrachtwagen)	at læste	[ʌ 'lastə]
laden (het)	lastning (f)	['lɑːstnen]

| lossen (ww) | at læsse af | [ʌ 'lɛsə 'æˀ] |
| lossen (het) | aflæsning (f) | ['awˌlɛˀsnen] |

transport (het)	transport (f)	[tʁansˈpɒːt]
transportbedrijf (de)	transportfirma (i)	[tʁansˈpɒːtˌfiʁma]
transporteren (ww)	at transportere	[ʌ tʁanspɒˈteˀʌ]

goederenwagon (de)	godsvogn (f)	['gɔs 'vɒwˀn]
tank (bijv. ketelwagen)	tank (f)	['taŋˀk]
vrachtwagen (de)	lastbil (f)	['lastˌbiˀl]

| machine (de) | værktøjsmaskine (f) | ['væɐ̯kˌtʌjs maˈskiːnə] |
| mechanisme (het) | mekanisme (f) | [mekaˈnismə] |

industrieel afval (het)	industrielt affald (i)	[endusdʁiˈɛlˀt 'awˌfalˀ]
verpakking (de)	pakning (f)	['paknen]
verpakken (ww)	at pakke	[ʌ 'pakə]

73. Contract. Overeenstemming

contract (het)	kontrakt (f)	[kɔnˈtʁakt]
overeenkomst (de)	aftale (f)	['awˌtæːlə]
bijlage (de)	tillæg, bilag (i)	['teˌlɛˀg], ['biˌlæˀj]

een contract sluiten	at indgå kontrakt	[ʌ 'enˌgɔˀ kɔnˈtʁakt]
handtekening (de)	signatur, underskrift (f)	[sinaˈtuɐ̯ˀ], ['ɔnʌˌskʁɛft]
ondertekenen (ww)	at underskrive	[ʌ 'ɔnʌˌskʁiˀvə]
stempel (de)	stempel (i)	['stɛmˀpəl]

| voorwerp (het) van de overeenkomst | kontraktens genstand (f) | [kɔnˈtʁaktəns 'gɛnˌstanˀ] |

clausule (de)	klausul (f)	[klawˈsuˀl]
partijen (mv.)	parter (f pl)	['paˀtʌ]
vestigingsadres (het)	juridisk adresse (f)	[juˈʁiðˀisk aˈdʁasə]
het contract verbreken (overtreden)	at bryde kontrakten	[ʌ 'bʁyːðə kɔnˈtʁaktən]

verplichting (de)	forpligtelse (f)	[fʌ'plegtəlsə]
verantwoordelijkheid (de)	ansvar (i)	['anˌsvaˀ]
overmacht (de)	force majeure (f)	[ˌfɔ:smaˈɕœ:ɐ̯]
geschil (het)	strid (f)	['stʁið']
sancties (mv.)	strafafgifter (f pl)	['stʁaf 'awˌgiftʌ]

74. Import & Export

import (de)	import (f)	[em'pɒ:t]
importeur (de)	importør (f)	[empɒ'tøˀɐ̯]
importeren (ww)	at importere	[ʌ empɒ'teˀʌ]
import- (abn)	import-	[em'pɒ:t-]

uitvoer (export)	eksport (f)	[ɛks'pɒ:t]
exporteur (de)	eksportør (f)	[ɛkspɒ'tøˀɐ̯]
exporteren (ww)	at eksportere	[ʌ ɛkspɒ'teˀʌ]
uitvoer- (bijv., ~goederen)	eksport-	[ɛks'pɒ:t-]

| goederen (mv.) | vare (f) | ['vɑ:a] |
| partij (de) | parti (i) | [pɑ'tiˀ] |

gewicht (het)	vægt (f)	['vɛgt]
volume (het)	rumfang (i)	['ʁɔmˌfaŋˀ]
kubieke meter (de)	kubikmeter (f)	[ku'bikˌmeˀtʌ]

producent (de)	producent (f)	[pʁoduˈsɛnˀt]
transportbedrijf (de)	transportfirma (i)	[tʁansˈpɒ:tˌfiɐ̯ma]
container (de)	container (f)	[kʌn'tɛjnʌ]

grens (de)	grænse (f)	['gʁansə]
douane (de)	told (f)	['tʌlˀ]
douanerecht (het)	toldafgift (f)	['tʌl 'awˌgift]
douanier (de)	toldbetjent (f)	['tʌl be'tjɛnˀt]
smokkelen (het)	smugleri (i)	[ˌsmu:lʌˈʁiˀ]
smokkelwaar (de)	smuglergods (i)	['smu:lʌˌgɔs]

75. Financiën

aandeel (het)	aktie (f)	['akɕə]
obligatie (de)	obligation (f)	[obligaˈɕoˀn]
wissel (de)	veksel (f)	['vɛksəl]

| beurs (de) | børs (f) | ['bøɐ̯ˀs] |
| aandelenkoers (de) | aktiekurs (f) | ['akɕəˌkuɐ̯ˀs] |

| dalen (ww) | at gå ned | [ʌ gɔˀ 'neð'] |
| stijgen (ww) | at gå op | [ʌ gɔˀ 'ʌp] |

deel (het)	aktiebeholdning (f)	['akɕə be'hʌlˀneŋ]
meerderheidsbelang (het)	aktiemajoritet (f)	['akɕə majʌi'teˀt]
investeringen (mv.)	investering (f)	[envə'steˀɐ̯eŋ]
investeren (ww)	at investere	[ʌ envə'steˀʌ]

procent (het)	procent (f)	[pʁo'sɛnˀt]
rente (de)	rente (f)	['ʁantə]

winst (de)	profit, fortjeneste (f)	[pʁo'fit], [fʌ'tjɛˀnəstə]
winstgevend (bn)	profitabel	[pʁofi'tæˀbəl]
belasting (de)	skat (f)	['skat]

valuta (vreemde ~)	valuta (f)	[va'luta]
nationaal (bn)	national	[naɕo'næˀl]
ruil (de)	veksling (f)	['vɛkslen]

boekhouder (de)	bogholder (f)	['bɔwˌhʌlʌ]
boekhouding (de)	bogholderi (i)	[bɔwhʌlʌ'ʁiˀ]

bankroet (het)	konkurs (f)	[kʌŋ'kuʁˀs]
ondergang (de)	krak (i)	['kʁak]
faillissement (het)	ruin (f)	[ʁu'iˀn]
geruïneerd zijn (ww)	at blive ruineret	[ʌ 'bliːə ʁui'neˀʌð]
inflatie (de)	inflation (f)	[enfla'ɕoˀn]
devaluatie (de)	devaluering (f)	[devalu'eˀɐen]

kapitaal (het)	kapital (f)	[kapi'tæˀl]
inkomen (het)	indkomst (f)	['enˌkʌmˀst]
omzet (de)	omsætning (f)	['ʌmˌsɛtnen]
middelen (mv.)	ressourcer (f pl)	[ʁɛ'suɐsʌ]
financiële middelen (mv.)	pengemidler (pl)	['pɛŋəˌmiðlʌ]

operationele kosten (mv.)	faste udgifter (f pl)	['fastə 'uðˌgiftʌ]
reduceren (kosten ~)	at reducere	[ʌ ʁɛdu'seˀʌ]

76. Marketing

marketing (de)	markedsføring (f)	['mɑːkəðˌføˀɐen]
markt (de)	marked (i)	['mɑːkəð]
marktsegment (het)	markedssegment (i)	['mɑːkəðs segˈmɛnˀt]
product (het)	produkt (i)	[pʁo'dɔkt]
goederen (mv.)	vare (f)	['vɑːɑ]

merk (het)	mærke (i)	['mæɐkə]
handelsmerk (het)	varemærke (i)	['vɑːɑˌmæɐkə]
beeldmerk (het)	firmamærke (i)	['fiɐmaˌmæɐkə]
logo (het)	logo (i. f)	['loːgo]
vraag (de)	efterspørgsel (f)	['ɛftʌˌspœɐsəl]
aanbod (het)	udbud (i)	['uðˌbuð]
behoefte (de)	behov (i)	[be'hɔw]
consument (de)	konsument, forbruger (f)	[kʌnsu'mɛnˀt], [fʌ'bʁuˀʌ]

analyse (de)	analyse (f)	[ana'lyːsə]
analyseren (ww)	at analysere	[ʌ analy'seˀʌ]
positionering (de)	positionering (f)	[posiɕo'neˀʁen]
positioneren (ww)	at positionere	[ʌ posiɕo'neˀʌ]
prijs (de)	pris (f)	['pʁiˀs]
prijspolitiek (de)	prispolitik (f)	['pʁis poli'tik]
prijsvorming (de)	prisdannelse (f)	['pʁisˌdanəlsə]

77. Reclame

reclame (de)	reklame (f)	[ʁɛ'klæːmə]
adverteren (ww)	at reklamere	[ʌ ʁɛkla'meˀʌ]
budget (het)	budget (i)	[by'ɕɛt]

advertentie, reclame (de)	annonce (f)	[a'nʌŋsə]
TV-reclame (de)	tv-reklame (f)	['teˌve ʁɛ'klæːmə]
radioreclame (de)	radioreklame (f)	['ʁɑdjo ʁɛ'klæːmə]
buitenreclame (de)	udendørs reklame (f)	['uðənˌdœɐ̯ˀs ʁɛ'klæːmə]

massamedia (de)	massemedier (i pl)	['maseˌmeˀdjʌ]
periodiek (de)	tidsskrift (i)	['tiðsˌskʁɛft]
imago (het)	image (i)	['imidɕ]

slagzin (de)	slogan (i)	['sloːgan]
motto (het)	motto (f)	['mʌto]

campagne (de)	kampagne (f)	[kɑm'panjə]
reclamecampagne (de)	reklamekampagne (f)	[ʁɛ'klæːmə kɑm'panjə]
doelpubliek (het)	målgruppe (f)	['mɔːlˌgʁupə]

visitekaartje (het)	visitkort (i)	[vi'sitˌkɒːt]
flyer (de)	reklameblad (i)	[ʁɛ'klæːməˌblað]
brochure (de)	brochure (f)	[bʁo'ɕyːʌ]
folder (de)	folder (f)	['fʌlʌ]
nieuwsbrief (de)	nyhedsbrev (i)	['nyheðˌbʁɛwˀ]

gevelreclame (de)	skilt (i)	['skelˀt]
poster (de)	poster (f)	['pɔwstʌ]
aanplakbord (het)	reklameskilt (i)	[ʁɛ'klæːməˌskelˀt]

78. Bankieren

bank (de)	bank (f)	['bɑŋˀk]
bankfiliaal (het)	afdeling (f)	['awˌdeˀleŋ]

bankbediende (de)	konsulent (f)	[kʌnsu'lɛnˀt]
manager (de)	forretningsfører (f)	[fʌ'ʁatneŋsˌføːʌ]

bankrekening (de)	bankkonto (f)	['bɑŋˀkˌkʌnto]
rekeningnummer (het)	kontonummer (i)	['kʌntoˌnɔmˀʌ]
lopende rekening (de)	checkkonto (f)	['ɕɛkˌkʌnto]
spaarrekening (de)	opsparingskonto (f)	['ʌpˌspaˀeŋs ˌkʌnto]

een rekening openen	at åbne en konto	[ʌ 'ɔːbnə en 'kʌnto]
de rekening sluiten	at lukke kontoen	[ʌ 'lɔkə 'kʌntoːən]
op rekening storten	at sætte ind på kontoen	[ʌ 'sɛtə 'enˀ pɔ 'kʌntoːən]
opnemen (ww)	at hæve fra kontoen	[ʌ 'hɛːvə fʁa 'kʌntoːən]

storting (de)	indskud (i)	['enˌskuð]
een storting maken	at indsætte	[ʌ 'enˌsɛtə]
overschrijving (de)	overførelse (f)	['ɒwʌˌføːʌlsə]

een overschrijving maken	at overføre	[ʌ 'ɒwʌˌføˀʌ]
som (de)	sum (f)	['sɔmˀ]
Hoeveel?	Hvor meget?	[vɒˀ 'mɑɑð]
handtekening (de)	signatur, underskrift (f)	[sinaˈtuɐ̯ˀ], [ˈɔnʌˌskʁɛft]
ondertekenen (ww)	at underskrive	[ʌ ˈɔnʌˌskʁiˀvə]
kredietkaart (de)	kreditkort (i)	[kʁɛˈdit kɒːt]
code (de)	kode (f)	[ˈkoːðə]
kredietkaartnummer (het)	kreditkortnummer (i)	[kʁɛˈdit kɒːt ˈnɔmˀʌ]
geldautomaat (de)	pengeautomat (f)	[ˈpɛŋə ɑwtoˈmæˀt]
cheque (de)	check (f)	[ˈɕɛk]
een cheque uitschrijven	at skrive en check	[ʌ ˈskʁiːvə en ˈɕɛk]
chequeboekje (het)	checkhæfte (i)	[ˈɕɛkˌhɛftə]
lening, krediet (de)	lån (i)	[ˈlɔˀn]
een lening aanvragen	at ansøge om lån	[ʌ ˈanˌsøːə ɒm ˈlɔˀn]
een lening nemen	at få et lån	[ʌ ˈfɔˀ et ˈlɔˀn]
een lening verlenen	at yde et lån	[ʌ ˈyːðə et ˈlɔˀn]
garantie (de)	garanti (f)	[gɑɑnˈtiˀ]

79. Telefoon. Telefoongesprek

telefoon (de)	telefon (f)	[teləˈfoˀn]
mobieltje (het)	mobiltelefon (f)	[moˈbil teləˈfoˀn]
antwoordapparaat (het)	telefonsvarer (f)	[teləˈfoːnˌsvɑːɑ]
bellen (ww)	at ringe	[ʌ ˈʁɛŋə]
belletje (telefoontje)	telefonsamtale (f)	[teləˈfoːn ˈsɑmˌtæːlə]
een nummer draaien	at taste et nummer	[ʌ ˈtastə et ˈnɔmˀʌ]
Hallo!	Hallo!	[haˈlo]
vragen (ww)	at spørge	[ʌ ˈspœɐ̯ʌ]
antwoorden (ww)	at svare	[ʌ ˈsvɑːɑ]
horen (ww)	at høre	[ʌ ˈhøːʌ]
goed (bw)	godt	[ˈgʌt]
slecht (bw)	dårligt	[ˈdɒːlit]
storingen (mv.)	støj (f)	[ˈstʌjˀ]
hoorn (de)	telefonrør (i)	[teləˈfoːnˌʁœˀɐ̯]
opnemen (ww)	at tage telefonen	[ʌ ˈtæˀ teləˈfoˀnən]
ophangen (ww)	at lægge på	[ʌ ˈlɛgə pɔˀ]
bezet (bn)	optaget	[ˈʌpˌtæˀj]
overgaan (ww)	at ringe	[ʌ ˈʁɛŋə]
telefoonboek (het)	telefonbog (f)	[teləˈfoːnˌbɔˀw]
lokaal (bn)	lokal-	[loˈkæl-]
lokaal gesprek (het)	lokalopkald (i)	[loˈkæˀl ˈʌpˌkalˀ]
interlokaal (bn)	fjern-	[ˈfjæɐ̯n-]
interlokaal gesprek (het)	fjernopkald (i)	[ˈfjæɐ̯n ˈʌpˌkalˀ]
buitenlands (bn)	international	[ˈentʌnɑɕoˌnæˀl]
buitenlands gesprek (het)	internationalt opkald (i)	[ˈentʌnɑɕoˌnæˀlt ˈʌpˌkalˀ]

80. Mobiele telefoon

mobieltje (het)	mobiltelefon (f)	[mo'bil telə'fo'n]
scherm (het)	skærm (f)	['skæɡ'm]
toets, knop (de)	knap (f)	['knɑp]
simkaart (de)	SIM-kort (i)	['sem‚kɒ:t]
batterij (de)	batteri (i)	[batʌ'ʁi']
leeg zijn (ww)	at blive afladet	[ʌ 'bli:ə 'ɑw‚læ'ðəð]
acculader (de)	oplader (f)	['ʌpl‚læ'ðʌ]
menu (het)	menu (f)	[me'ny]
instellingen (mv.)	indstillinger (f pl)	['en‚stel'eŋʌ]
melodie (beltoon)	melodi (f)	[melo'di']
selecteren (ww)	at vælge	[ʌ 'vɛljə]
rekenmachine (de)	lommeregner (f)	['lʌmə‚ʁɑjnʌ]
voicemail (de)	telefonsvarer (f)	[telə'fo:n‚svɑ:ɑ]
wekker (de)	vækkeur (i)	['vɛkə‚uɡ']
contacten (mv.)	kontakter (f pl)	[kɔn'tɑktʌ]
SMS-bericht (het)	SMS (f)	[ɛsɛm'ɛs]
abonnee (de)	abonnent (f)	[ɑbo'nɛn't]

81. Schrijfbehoeften

balpen (de)	kuglepen (f)	['ku:lə‚pɛn']
vulpen (de)	fyldepen (f)	['fylə‚pɛn']
potlood (het)	blyant (f)	['bly:‚an't]
marker (de)	mærkepen (f)	[mɑ'køɡ‚pɛn']
viltstift (de)	tuschpen (f)	['tuɕ‚pɛn']
notitieboekje (het)	notesblok (f)	['no:təs‚blʌk]
agenda (boekje)	dagbog (f)	['dɑw‚bɔ'w]
liniaal (de/het)	lineal (f)	[line'æ'l]
rekenmachine (de)	regnemaskine (f)	['ʁɑjnə mɑ'ski:nə]
gom (de)	viskelæder (i)	['veskə‚lɛð'ʌ]
punaise (de)	tegnestift (f)	['tɑjnə‚steft]
paperclip (de)	clips (i)	['kleps]
lijm (de)	lim (f)	['li'm]
nietmachine (de)	hæftemaskine (f)	['hɛfta mɑ'ski:nə]
perforator (de)	hullemaskine (f)	['holə mɑ'ski:nə]
potloodslijper (de)	blyantspidser (f)	['bly:ant‚spesʌ]

82. Soorten bedrijven

boekhouddiensten (mv.)	bogføringstjenester (f pl)	['bɔw‚fø'ɡeŋ ‚tjɛ:nəstʌ]
reclame (de)	reklame (f)	[ʁɛ'klæ:mə]

Nederlands	Deens	Uitspraak
reclamebureau (het)	reklamebureau (i)	[ʁɛ'klæːmə byˌʁo]
airconditioning (de)	klimaanlæg (i pl)	['kliːma'anˌlɛʔg]
luchtvaartmaatschappij (de)	flyselskab (i)	['flyʔsɛlˌskæʔb]
alcoholische dranken (mv.)	alkoholiske drikke (f pl)	[alko'hoʔliskə 'dʁɛkə]
antiek (het)	antikviteter (f pl)	[antikvi'teʔtʌ]
kunstgalerie (de)	kunstgalleri (i)	['kɔnʔst galʌ'ʁiʔ]
audit diensten (mv.)	revisionstjenester (f pl)	[ʁeviˈɕons ˌtjɛːnəstʌ]
banken (mv.)	bankvæsen (i)	['baŋʔkˌvɛːsən]
bar (de)	bar (i)	['baˀ]
schoonheidssalon (de/het)	skønhedssalon (f)	['skœnheðs sa'lʌŋ]
boekhandel (de)	boghandel (f)	['bɔwˌhanʔəl]
bierbrouwerij (de)	bryggeri (i)	[bʁœgʌ'ʁiʔ]
zakencentrum (het)	forretningscenter (i)	[fʌ'ʁatnəŋˌsɛnʔtʌ]
business school (de)	handelsskole (f)	['hanəlsˌskoːlə]
casino (het)	kasino (i)	[ka'siːno]
bouwbedrijven (mv.)	byggeri (i)	[bygʌ'ʁiʔ]
adviesbureau (het)	konsulenttjenester (f pl)	[kʌnsu'lɛnt ˌtjɛːnəstʌ]
tandheelkunde (de)	tandklinik (f)	['tan kliˈnik]
design (het)	design (i)	[de'sajn]
apotheek (de)	apotek (i)	[apo'teʔk]
stomerij (de)	renseri (i)	[ʁansʌ'ʁiʔ]
uitzendbureau (het)	arbejdsformidling (f)	['aːbajds fʌ'miðleŋ]
financiële diensten (mv.)	finansielle tjenester (f pl)	[finan'ɕɛlʔə ˌtjɛːnəstʌ]
voedingswaren (mv.)	madvarer (f pl)	['maðvaːʌ]
uitvaartcentrum (het)	begravelseskontor (i)	[be'gʁaʔwəlsəs kɔn'toʔɐ̯]
meubilair (het)	møbler (pl)	['møʔblʌ]
kleding (de)	klæder (i pl)	['klɛːðʌ]
hotel (het)	hotel (i)	[ho'tɛlʔ]
IJsje (het)	is (i)	['iʔs]
industrie (de)	industri (f)	[endu'stʁiʔ]
verzekering (de)	forsikring (f)	[fʌ'sekʁɛŋ]
Internet (het)	internet (i)	['entʌˌnɛt]
investeringen (mv.)	investering (f)	[envə'steʔɐ̯eŋ]
juwelier (de)	juveler (f)	[juvə'leʔɐ̯]
juwelen (mv.)	smykker (i pl)	['smøkʌ]
wasserette (de)	vaskeri (i)	[vaskʌ'ʁiʔ]
juridische diensten (mv.)	juridisk rådgiver (f)	[ju'ʁiðʔisk 'ʁɔʔðˌgiʔvʌ]
lichte industrie (de)	letindustri (f)	[ˌlɛd endu'stʁiʔ]
tijdschrift (het)	magasin, tidsskrift (i)	[maga'siʔn], ['tiðsˌskʁɛft]
postorderbedrijven (mv.)	postordresalg (i)	['pʌstˌpʔdʁʌˌsalʔj]
medicijnen (mv.)	medicin (f)	['mediˈsiʔn]
bioscoop (de)	biograf (f)	[bio'gʁaʔf]
museum (het)	museum (i)	[mu'sɛːɔm]
persbureau (het)	nyhedsbureau (i)	['nyheðs byˌʁo]
krant (de)	avis (f)	[a'viʔs]
nachtclub (de)	natklub (f)	['natˌklub]

olie (aardolie)	olie (f)	['oljə]
koerierdienst (de)	kurertjeneste (f)	[ku'ʁɛˀɐ̯ 'tjɛːnəstə]
geneesmiddelen (mv.)	farmaci (f)	[fɑmɑ'si?]
drukkerij (de)	trykkeri (i)	[tʁœkʌ'ʁiˀ]
uitgeverij (de)	forlag (i)	['fɒːˌlæˀj]

radio (de)	radio (f)	['ʁɑˀdjo]
vastgoed (het)	fast ejendom (f)	['fast 'ɑjənˌdʌmˀ]
restaurant (het)	restaurant (f)	[ʁɛsto'ʁɑŋ]

bewakingsfirma (de)	sikkerhedsselskab (i)	['sekʌˌheðs 'sɛlˌskæˀb]
sport (de)	sport (f)	['spɒːt]
handelsbeurs (de)	børs (f)	['bøɐ̯ˀs]
winkel (de)	forretning (f), butik (f)	[fʌ'ʁatneŋ], [bu'tik]
supermarkt (de)	supermarked (i)	['suˀpʌˌmɑːkəð]
zwembad (het)	svømmebassin (i)	['svœməbaˌsɛŋ]

naaiatelier (het)	skrædderi (i)	[skʁɑðə'ʁiˀ]
televisie (de)	fjernsyn (i), tv (i)	['fjæɐ̯nˌsyˀn], ['teˀˌveˀ]
theater (het)	teater (i)	[te'æˀtʌ]
handel (de)	handel (f)	['hanˀəl]
transport (het)	transport (f)	[tʁɑns'pɒːt]
toerisme (het)	turisme (f)	[tu'ʁismə]

dierenarts (de)	dyrlæge (f)	['dyɐ̯ˌlɛːjə]
magazijn (het)	lager (i)	['læˀjʌ]
afvalinzameling (de)	affalds indsamling (f)	['ɑwfal's 'enˌsɑmˀleŋ]

Baan. Business. Deel 2

83. Show. Tentoonstelling

beurs (de)	messe (f)	['mɛsə]
vakbeurs, handelsbeurs (de)	handelsmesse (f)	['hanels‚mɛsə]
deelneming (de)	deltagelse (f)	['del‚tæˀjəlsə]
deelnemen (ww)	at deltage	[ʌ 'del‚tæˀ]
deelnemer (de)	deltager (f)	['del‚tæˀjʌ]
directeur (de)	direktør (f)	[diʁək'tøˀɐ̯]
organisatiecomité (het)	arrangørkontor (i)	[aɑŋ'ɕøˀɐ̯ kɔn'toˀɐ̯]
organisator (de)	arrangør (f)	[aɑŋ'ɕøˀɐ̯]
organiseren (ww)	at organisere	[ʌ ɒgani'seˀʌ]
deelnemingsaanvraag (de)	bestillingsskema (i)	[be'stelˀeŋs'ske:ma]
invullen (een formulier ~)	at udfylde	[ʌ 'uð‚fyl'ə]
details (mv.)	detaljer (f pl)	[de'taljʌ]
informatie (de)	information (f)	[enfɒma'ɕoˀn]
prijs (de)	pris (f)	['pʁiˀs]
inclusief (bijv. ~ BTW)	inklusive	['enklu‚siˀvə]
inbegrepen (alles ~)	at inkludere	[ʌ enklu'deˀʌ]
betalen (ww)	at betale	[ʌ be'tæˀlə]
registratietarief (het)	registreringsafgift (f)	[ʁɛgi'stʁɛˀɐ̯eŋs 'aw‚gift]
ingang (de)	indgang (f)	['en‚gɑŋˀ]
paviljoen (het), hal (de)	pavillon (f)	[pavil'jʌŋ]
registreren (ww)	at registrere	[ʌ ʁɛgi'stʁɛˀʌ]
badge, kaart (de)	badge (i. f)	['badɕ]
beursstand (de)	stand (f)	['stanˀ]
reserveren (een stand ~)	at reservere	[ʌ ʁɛsæɐ̯'veˀʌ]
vitrine (de)	glasmontre (f)	['glas‚mɒŋtʁʌ]
licht (het)	lampe (f), spot (f)	['lampə], ['spʌt]
design (het)	design (i)	[de'sɑjn]
plaatsen (ww)	at placere	[ʌ pla'seˀʌ]
geplaatst zijn (ww)	at blive placeret	[ʌ 'bli:ə pla'seˀʌð]
distributeur (de)	distributør (f)	[distʁibu'tøˀɐ̯]
leverancier (de)	leverandør (f)	[levəʁɑn'døˀɐ̯]
leveren (ww)	at levere	[ʌ le'veˀʌ]
land (het)	land (i)	['lanˀ]
buitenlands (bn)	udenlandsk	['uðən‚lanˀsk]
product (het)	produkt (i)	[pʁo'dɔkt]
associatie (de)	forening (f)	[fʌ'eˀneŋ]
conferentiezaal (de)	konferencesal (f)	[kʌnfə'ʁɑnsə‚sæˀl]

congres (het)	kongres (f)	[kʌŋ'gʁas]
wedstrijd (de)	konkurrence (f)	[kʌŋko'ʁaŋsə]
bezoeker (de)	besøgende (f)	[be'sø²jənə]
bezoeken (ww)	at besøge	[ʌ be'sø²jə]
afnemer (de)	kunde (f)	['kɔnə]

84. Wetenschap. Onderzoek. Wetenschappers

wetenschap (de)	videnskab (f)	['viðən‚skæ²b]
wetenschappelijk (bn)	videnskabelig	['viðən‚skæ²bəli]
wetenschapper (de)	videnskabsmand (f)	['viðən‚skæ²bs man²]
theorie (de)	teori (f)	[teo'ʁi²]
axioma (het)	aksiom (i)	[ak'ɕo²m]
analyse (de)	analyse (f)	[ana'ly:sə]
analyseren (ww)	at analysere	[ʌ analy'se²ʌ]
argument (het)	argument (i)	[agu'mɛn²t]
substantie (de)	stof (i), substans (f)	['stʌf], [sub'stan²s]
hypothese (de)	hypotese (f)	[hypo'te:sə]
dilemma (het)	dilemma (i)	[di'lɛma]
dissertatie (de)	afhandling (f)	['aw‚han²len]
dogma (het)	dogme (i)	['dɔwmə]
doctrine (de)	doktrin (f)	[dʌk'tʁi²n]
onderzoek (het)	forskning (f)	['fɔ:sknen]
onderzoeken (ww)	at forske	[ʌ 'fɔ:skə]
toetsing (de)	test (f)	['tɛst]
laboratorium (het)	laboratorium (i)	[laboʁa'toʁ²jɔm]
methode (de)	metode (f)	[me'to:ðə]
molecule (de/het)	molekyle (i)	[molə'ky:lə]
monitoring (de)	overvågning (f)	['ɒwʌ‚vɔw²nen]
ontdekking (de)	opdagelse (f)	['ʌp‚dæ²jəlsə]
postulaat (het)	postulat (i)	[pʌstu'læ²t]
principe (het)	princip (i)	[pʁin'sip]
voorspelling (de)	prognose (f)	[pʁo'no:sə]
een prognose maken	at prognosticere	[ʌ pʁɔnʌsti'se²ʌ]
synthese (de)	syntese (f)	[syn'te:sə]
tendentie (de)	tendens (f)	[tɛn'dɛn²s]
theorema (het)	teorem (i)	[teo'ʁɛ²m]
leerstellingen (mv.)	lærer (f pl)	['lɛ:ʌ]
feit (het)	faktum (i)	['faktɔm]
expeditie (de)	ekspedition (f)	[ɛkspedi'ɕo²n]
experiment (het)	eksperiment (i)	[ɛkspæɐi'mɛn²t]
academicus (de)	akademiker (f)	[aka'de²mikʌ]
bachelor (bijv. BA, LLB)	bachelor (f)	['badɕəlʌ]
doctor (de)	doktor (f)	['dʌktʌ]
universitair docent (de)	docent (f)	[do'sɛn²t]

master, magister (de)	**magister** (f)	[ma'gistʌ]
professor (de)	**professor** (f)	[pʁo'fɛsʌ]

Beroepen en ambachten

85. Zoeken naar werk. Ontslag

baan (de)	arbejde (i), job (i)	['ɑːˌbajˀdə], ['djʌb]
personeel (het)	ansatte (pl), stab (f)	['anˌsatə], ['stæˀb]

carrière (de)	karriere (f)	[kɑi'ɛːʌ]
vooruitzichten (mv.)	udsigter (f pl)	['uðˌsegtʌ]
meesterschap (het)	mesterskab (i)	['mɛstʌˌskæˀb]

keuze (de)	udvalg (i), udvælgelse (f)	['uðˌvalˀj], ['uðˌvɛlˀjəlsə]
uitzendbureau (het)	arbejdsformidling (f)	['ɑːbajds fʌ'miðlɐn]
CV, curriculum vitae (het)	CV (i), curriculum vitæ (i)	[se'veˀ], [ku'ʁikulɔm 'viːˌtɛˀ]
sollicitatiegesprek (het)	jobsamtale (f)	['djʌb 'samˌtæːlə]
vacature (de)	ledig stilling (f)	['leːði 'stelen]

salaris (het)	løn (f)	['lœnˀ]
vaste salaris (het)	fast løn (f)	['fast lœnˀ]
loon (het)	betaling (f)	[be'tæˀlen]

betrekking (de)	stilling (f)	['stelen]
taak, plicht (de)	pligt (f)	['plegt]
takenpakket (het)	arbejdspligter (f pl)	['ɑːbajds 'plegtʌ]
bezig (~ zijn)	optaget	['ʌpˌtæˀj]

ontslagen (ww)	at afskedige	[ʌ 'awˌskeˀðiə]
ontslag (het)	afskedigelse (f)	['awˌskeˀðˌiˀəlsə]

werkloosheid (de)	arbejdsløshed (f)	['ɑːbajdsˌløːsheðˀ]
werkloze (de)	arbejdsløs (f)	['ɑːbajdsˌløˀs]
pensioen (het)	pension (f)	[paŋ'ɕoˀn]
met pensioen gaan	at gå på pension	[ʌ gɔˀ pɔ paŋ'ɕoˀn]

86. Zakenmensen

directeur (de)	direktør (f)	[diʁɛk'tøˀɐ̯]
beheerder (de)	forretningsfører (f)	[fʌ'ʁatneŋsˌføːʌ]
hoofd (het)	boss (f)	['bʌs]

baas (de)	overordnet (f)	['ɒwʌˌpˀdnəð]
superieuren (mv.)	overordnede (pl)	['ɒwʌˌpˀdnəðə]
president (de)	præsident (f)	[pʁɛsi'dɛnˀt]
voorzitter (de)	formand (f)	['foːˌmanˀ]

adjunct (de)	stedfortræder (f)	['stɛð fʌˌtʁɛˀðʌ]
assistent (de)	assistent (f)	[asi'stɛnˀt]
secretaris (de)	sekretær (f)	[sekʁɐ'tɛˀɐ̯]

persoonlijke assistent (de)	privatsekretær (f)	[pʁi'væt sekʁə'tɛˀɐ̯]
zakenman (de)	forretningsmand (f)	[fʌ'ʁatneŋsˌmanˀ]
ondernemer (de)	entreprenør (f)	[ɑŋtʁɛpʁɛ'nøˀɐ̯]
oprichter (de)	grundlægger (f)	['gʁɔnˀˌlɛgʌ]
oprichten (een nieuw bedrijf ~)	at grundlægge	[ʌ 'gʁɔnˀˌlɛgə]
stichter (de)	stifter (f)	['steftʌ]
partner (de)	partner (f)	['pɑːtnʌ]
aandeelhouder (de)	aktionær (f)	[ɑkɕo'nɛˀɐ̯]
miljonair (de)	millionær (f)	[miljo'nɛˀɐ̯]
miljardair (de)	milliardær (f)	[miljɑ'dɛˀɐ̯]
eigenaar (de)	ejer (f)	['ɑjʌ]
landeigenaar (de)	jordbesidder (f)	['joɐ̯beˌsiðˀʌ]
klant (de)	kunde (f)	['konə]
vaste klant (de)	stamkunde, fast kunde (f)	['stɑmˌkɔnə], ['fast ˌkɔnə]
koper (de)	køber (f)	['køːbʌ]
bezoeker (de)	besøgende (f)	[be'søˀjənə]
professioneel (de)	professionel (f)	[pʁo'fɛɕoˌnɛlˀ]
expert (de)	ekspert (f)	[ɛks'pæɐ̯t]
specialist (de)	specialist (f)	[speɕa'list]
bankier (de)	bankier (f)	[bɑŋ'kje]
makelaar (de)	mægler (f)	['mɛjlʌ]
kassier (de)	kasserer (f)	[ka'seˀʌ]
boekhouder (de)	bogholder (f)	['bɔwˌhʌlʌ]
bewaker (de)	sikkerhedsvagt (f)	['sekʌˌheðs 'vɑgt]
investeerder (de)	investor (f)	[en'vɛstʌ]
schuldenaar (de)	skyldner (f)	['skylnʌ]
crediteur (de)	kreditor (f)	['kʁeditʌ]
lener (de)	låntager (f)	['lɔːnˌtæˀjʌ]
importeur (de)	importør (f)	[empɒ'tøˀɐ̯]
exporteur (de)	eksportør (f)	[ɛkspɒ'tøˀɐ̯]
producent (de)	producent (f)	[pʁodu'sɛnˀt]
distributeur (de)	distributør (f)	[distʁibu'tøˀɐ̯]
bemiddelaar (de)	mellemmand (f)	['mɛləmˌmanˀ]
adviseur, consulent (de)	konsulent (f)	[kʌnsu'lɛnˀt]
vertegenwoordiger (de)	repræsentant (f)	[ʁepʁɛsən'tanˀt]
agent (de)	agent (f)	[a'gɛnˀt]
verzekeringsagent (de)	forsikringsagent (f)	[fʌ'sekʁɛŋs a'gɛnˀt]

87. Dienstverlenende beroepen

kok (de)	kok (f)	['kʌk]
chef-kok (de)	køkkenchef (f)	['køkənˌɕɛˀf]
bakker (de)	bager (f)	['bæːjʌ]

barman (de)	bartender (f)	['bɑːˌtɛndʌ]
kelner, ober (de)	tjener (f)	['tjɛːnʌ]
serveerster (de)	servitrice (f)	[sæɐ̯viˈtʁiːsə]

advocaat (de)	advokat (f)	[aðvoˈkæˀt]
jurist (de)	jurist (f)	[juˈʁist]
notaris (de)	notar (f)	[noˈtɑˀ]

elektricien (de)	elektriker (f)	[eˈlɛktʁikʌ]
loodgieter (de)	blikkenslager (f)	['blekənˌslæˀjʌ]
timmerman (de)	tømrer (f)	['tœmʁʌ]

masseur (de)	massør (f)	[maˈsøˀɐ̯]
masseuse (de)	massøse (f)	[maˈsøːsə]
dokter, arts (de)	læge (f)	['lɛːjə]

taxichauffeur (de)	taxichauffør (f)	['tɑksi ɕoˈføˀɐ̯]
chauffeur (de)	chauffør (f)	[ɕoˈføˀɐ̯]
koerier (de)	bud (i)	['buð]

kamermeisje (het)	stuepige (f)	['stuəˌpiːə]
bewaker (de)	sikkerhedsvagt (f)	['sekʌˌheðs 'vagt]
stewardess (de)	stewardesse (f)	[stjuɑˈdɛsə]

meester (de)	lærer (f)	['lɛːʌ]
bibliothecaris (de)	bibliotekar (f)	[bibliotəˈkɑˀ]
vertaler (de)	oversætter (f)	['ɔwʌˌsɛtʌ]
tolk (de)	tolk (f)	['tʌlˀk]
gids (de)	guide (f)	['gajd]

kapper (de)	frisør (f)	[fʁiˈsøˀɐ̯]
postbode (de)	postbud (i)	['pʌstˌbuð]
verkoper (de)	sælger (f)	['sɛljʌ]

tuinman (de)	gartner (f)	['gɑːtnʌ]
huisbediende (de)	tjener (f)	['tjɛːnʌ]
dienstmeisje (het)	tjenestepige (f)	['tjɛːnəstəˌpiːə]
schoonmaakster (de)	rengøringskone (f)	['ʁɛːnˌgœˀɐ̯eŋs 'koːnə]

88. Militaire beroepen en rangen

soldaat (rang)	menig (f)	['meːni]
sergeant (de)	sergent (f)	[sæɐ̯ˈɕɑnˀt]
luitenant (de)	løjtnant (f)	['lʌjtˌnanˀt]
kapitein (de)	kaptajn (f)	[kɑpˈtajˀn]

majoor (de)	major (f)	[maˈjoˀɐ̯]
kolonel (de)	oberst (f)	['oˀbʌst]
generaal (de)	general (f)	[genəˈʁɑˀl]
maarschalk (de)	marskal (f)	['mɑːˌɕalˀ]
admiraal (de)	admiral (f)	[aðmiˈʁɑˀl]

| militair (de) | militær (i) | [miliˈtɛˀɐ̯] |
| soldaat (de) | soldat (f) | [solˈdæˀt] |

| officier (de) | officer (f) | [ʌfi'seˀɐ̯] |
| commandant (de) | befalingsmand (f) | [be'fæˀleŋsˌmanˀ] |

grenswachter (de)	grænsevagt (f)	['gʁansəˌvagt]
marconist (de)	radiooperatør (f)	['ʁadjo opeʁa'tøˀɐ̯]
verkenner (de)	opklaringssoldat (f)	['ʌpˌklɑˀeŋs sol'dæˀt]
sappeur (de)	pioner (f)	[pio'neˀɐ̯]
schutter (de)	skytte (f)	['skøtə]
stuurman (de)	styrmand (f)	['styɐ̯ˌmanˀ]

89. Ambtenaren. Priesters

| koning (de) | konge (f) | ['kʌŋə] |
| koningin (de) | dronning (f) | ['dʁʌneŋ] |

| prins (de) | prins (f) | ['pʁɛnˀs] |
| prinses (de) | prinsesse (f) | [pʁɛn'sɛsə] |

| tsaar (de) | tsar (f) | ['sɑˀ] |
| tsarina (de) | tsarina (f) | [sa'ʁiːna] |

president (de)	præsident (f)	[pʁɛsi'dɛnˀt]
minister (de)	minister (f)	[mi'nistʌ]
eerste minister (de)	statsminister (f)	['stæts mi'nistʌ]
senator (de)	senator (f)	[se'næːtʌ]

diplomaat (de)	diplomat (f)	[diplo'mæˀt]
consul (de)	konsul (f)	['kʌnˌsuˀl]
ambassadeur (de)	ambassadør (f)	[ambasa'døˀɐ̯]
adviseur (de)	rådgiver (f)	['ʁɔˀðˌgiˀvʌ]

ambtenaar (de)	embedsmand (f)	['ɛmbeðsˌmanˀ]
prefect (de)	præfekt (f)	[pʁɛ'fɛkt]
burgemeester (de)	borgmester (f)	[bɒw'mɛstʌ]

| rechter (de) | dommer (f) | ['dʌmʌ] |
| aanklager (de) | anklager (f) | ['anˌklæˀjʌ] |

missionaris (de)	missionær (f)	[miɕo'nɛˀɐ̯]
monnik (de)	munk (f)	['mɔŋˀk]
abt (de)	abbed (f)	['ɑbeð]
rabbi, rabbijn (de)	rabbiner (f)	[ʁa'biˀnʌ]

vizier (de)	vesir (f)	[ve'siɐ̯ˀ]
sjah (de)	shah (f)	['ɕæˀ]
sjeik (de)	sheik (f)	['ɕɑjˀk]

90. Agrarische beroepen

imker (de)	biavler (f)	['biˌawlʌ]
herder (de)	hyrde (f)	['hyɐ̯də]
landbouwkundige (de)	agronom (f)	[agʁo'noˀm]

veehouder (de)	kvægavler (f)	['kvɛjˌawlʌ]
dierenarts (de)	dyrlæge (f)	['dyɐ̯ˌlɛːjə]
landbouwer (de)	landmand, bonde (f)	['lanˌmanˀ], ['bɔnə]
wijnmaker (de)	vinavler (f)	['viːnˌawlʌ]
zoöloog (de)	zoolog (f)	[soo'loˀ]
cowboy (de)	cowboy (f)	['kɔwˌbʌj]

91. Kunst beroepen

acteur (de)	skuespiller (f)	['skuːəˌspelʌ]
actrice (de)	skuespillerinde (f)	['skuːəˌspelʌ'enə]
zanger (de)	sanger (f)	['saŋʌ]
zangeres (de)	sangerinde (f)	[saŋʌ'enə]
danser (de)	danser (f)	['dansʌ]
danseres (de)	danserinde (f)	[dansʌ'enə]
artiest (mann.)	skuespiller (f)	['skuːəˌspelʌ]
artiest (vrouw.)	skuespillerinde (f)	['skuːəˌspelʌ'enə]
muzikant (de)	musiker (f)	['muˀsikʌ]
pianist (de)	pianist (f)	[pia'nist]
gitarist (de)	guitarist (f)	[gita'ʁist]
orkestdirigent (de)	dirigent (f)	[diɐ̯i'gɛnˀt]
componist (de)	komponist (f)	[kɔmpo'nist]
impresario (de)	impresario (f)	[empʁə'saˀio]
filmregisseur (de)	filminstruktør (f)	['film enstʁuk'tøˀɐ̯]
filmproducent (de)	producer (f)	[pʁo'djuːsʌ]
scenarioschrijver (de)	manuskriptforfatter (f)	[manu'skʁɛpt fʌ'fatʌ]
criticus (de)	kritiker (f)	['kʁitikʌ]
schrijver (de)	forfatter (f)	[fʌ'fatʌ]
dichter (de)	poet (f), digter (f)	[po'eˀt], ['degtʌ]
beeldhouwer (de)	skulptør (f)	[skulp'tøˀɐ̯]
kunstenaar (de)	kunstner (f)	['kɔnstnʌ]
jongleur (de)	jonglør (f)	[ɕʌŋ'løˀɐ̯]
clown (de)	klovn (f)	['klɔwˀn]
acrobaat (de)	akrobat (f)	[akʁo'bæˀt]
goochelaar (de)	tryllekunstner (f)	['tʁyləˌkɔnˀstnʌ]

92. Verschillende beroepen

dokter, arts (de)	læge (f)	['lɛːjə]
ziekenzuster (de)	sygeplejerske (f)	['syːəˌplajˀʌskə]
psychiater (de)	psykiater (f)	[syki'æˀtʌ]
tandarts (de)	tandlæge (f)	['tanˌlɛːjə]
chirurg (de)	kirurg (f)	[ki'ʁuɐ̯ˀw]

astronaut (de)	astronaut (f)	[astʁo'nɑwˀt]
astronoom (de)	astronom (f)	[astʁo'noˀm]
piloot (de)	pilot (f)	[pi'loˀt]

chauffeur (de)	fører (f)	['føːʌ]
machinist (de)	togfører (f)	['tɔwˌføːʌ]
mecanicien (de)	mekaniker (f)	[me'kæˀnikʌ]

mijnwerker (de)	minearbejder (f)	['miːnəˀɑːˌbɑjˀdʌ]
arbeider (de)	arbejder (f)	['ɑːˌbɑjˀdʌ]
bankwerker (de)	låsesmed (f)	['lɔːsəˌsmeð]
houtbewerker (de)	snedker (f)	['sneˀkʌ]
draaier (de)	drejer (f)	['dʁɑjʌ]
bouwvakker (de)	bygningsarbejder (f)	['bygneŋs 'ɑːˌbɑjˀdʌ]
lasser (de)	svejser (f)	['svɑjsʌ]

professor (de)	professor (f)	[pʁo'fɛsʌ]
architect (de)	arkitekt (f)	[ɑki'tɛkt]
historicus (de)	historiker (f)	[hi'stoˀɕikʌ]
wetenschapper (de)	videnskabsmand (f)	['viðənˌskæˀbs manˀ]
fysicus (de)	fysiker (f)	['fyˀsikʌ]
scheikundige (de)	kemiker (f)	['keˀmikʌ]

archeoloog (de)	arkæolog (f)	[ˌɑːkɛo'loˀ]
geoloog (de)	geolog (f)	[geo'loˀ]
onderzoeker (de)	forsker (f)	['fɔːskʌ]

babysitter (de)	barnepige (f)	['bɑːnəˌpiːə]
leraar, pedagoog (de)	pædagog (f)	[pɛdɑ'goˀ]

redacteur (de)	redaktør (f)	[ʁedɑk'tøˀɐ̯]
chef-redacteur (de)	chefredaktør (f)	['ɕɛf ʁedɑk'tøˀɐ̯]
correspondent (de)	korrespondent (f)	[kɔɔspʌn'dɛnˀt]
typiste (de)	maskinskriverske (f)	[mɑ'skiːn 'skʁiˀvʌskə]

designer (de)	designer (f)	[de'sɑjnʌ]
computerexpert (de)	computer-ekspert (f)	[kʌm'pjuːtʌ ɛks'pæɐ̯t]
programmeur (de)	programmør (f)	[pʁogʁɑ'møˀɐ̯]
ingenieur (de)	ingeniør (f)	[enɕən'jøˀɐ̯]

matroos (de)	sømand (f)	['søˌmanˀ]
zeeman (de)	matros (f)	[mɑ'tʁoˀs]
redder (de)	redder (f)	['ʁɛðʌ]

brandweerman (de)	brandmand (f)	['bʁɑnˌman]
politieagent (de)	politibetjent (f)	[poli'ti be'tjɛnˀt]
nachtwaker (de)	nattevagt, vægter (f)	['nɑtəˌvɑgt], ['vɛgtʌ]
detective (de)	detektiv, opdager (f)	[detek'tiwˀ], ['ʌpˌdæˀjʌ]

douanier (de)	toldbetjent (f)	['tʌl be'tjɛnˀt]
lijfwacht (de)	livvagt (f)	['liwˌvɑgt]
gevangenisbewaker (de)	fangevogter (f)	['fɑŋəˌvʌgtʌ]
inspecteur (de)	inspektør (f)	[enspɛk'tøˀɐ̯]

sportman (de)	idrætsmand (f)	['idʁɑtsˌmanˀ]
trainer (de)	træner (f)	['tʁɛːnʌ]

slager, beenhouwer (de)	slagter (f)	['slagtʌ]
schoenlapper (de)	skomager (f)	['skoˌmæˀjʌ]
handelaar (de)	handelsmand (f)	['hanəlsˌmanˀ]
lader (de)	lastearbejder (f)	['lastəˈɑːˌbajˀdʌ]
kledingstilist (de)	modedesigner (f)	['moːðə deˈsajnʌ]
model (het)	model (f)	[moˈdɛlˀ]

93. Beroepen. Sociale status

scholier (de)	skoleelev (f)	['skoːlə eˈleˀw]
student (de)	studerende (f)	[stuˈdeˀʌnə]
filosoof (de)	filosof (f)	[filoˈsʌf]
econoom (de)	økonom (f)	[økoˈnoˀm]
uitvinder (de)	opfinder (f)	['ʌpˌfenˀʌ]
werkloze (de)	arbejdsløs (f)	['ɑːbajdsˌløˀs]
gepensioneerde (de)	pensionist (f)	[paŋɕoˈnist]
spion (de)	spion (f)	[spiˈoˀn]
gedetineerde (de)	fange (f)	['faŋə]
staker (de)	strejkende (f)	['stʁajkɛnə]
bureaucraat (de)	bureaukrat (f)	[byoˈkʁɑˀt]
reiziger (de)	rejsende (f)	['ʁajsənə]
homoseksueel (de)	homoseksuel (f)	['hoːmosɛksuˈɛlˀ]
hacker (computerkraker)	hacker (f)	['hakʌ]
hippie (de)	hippie (f)	['hipi]
bandiet (de)	bandit (f)	[banˈdit]
huurmoordenaar (de)	lejemorder (f)	['lajəˌmoɐ̯dʌ]
drugsverslaafde (de)	narkoman (f)	[nɑkoˈmæˀn]
drugshandelaar (de)	narkohandler (f)	['nɑːkoˌhanlʌ]
prostituee (de)	prostitueret (f)	[pʁostituˈeˀʌð]
pooier (de)	alfons (f)	[alˈfʌŋs]
tovenaar (de)	troldmand (f)	['tʁʌlˌmanˀ]
tovenares (de)	troldkvinde (f)	['tʁʌlˌkvenə]
piraat (de)	pirat, sørøver (f)	[piˈʁɑˀt], ['søˌʁœːvʌ]
slaaf (de)	slave (f)	['slæːvə]
samoerai (de)	samurai (f)	[samuˈʁajˀ]
wilde (de)	vildmand (f)	['vilˌmanˀ]

Onderwijs

94. School

Nederlands	Deens	Uitspraak
school (de)	skole (f)	['sko:lə]
schooldirecteur (de)	skoleinspektør (f)	['sko:lə enspək'tø²g]
leerling (de)	elev (f)	[e'le²w]
leerlinge (de)	elev (f)	[e'le²w]
scholier (de)	skoleelev (f)	['sko:lə e'le²w]
scholiere (de)	skoleelev (f)	['sko:lə e'le²w]
leren (lesgeven)	at undervise	[ʌ 'ɔnʌˌvi²sə]
studeren (bijv. een taal ~)	at lære	[ʌ 'lɛ:ʌ]
van buiten leren	at lære udenad	[ʌ 'lɛ:ʌ 'uðən'að]
leren (bijv. ~ tellen)	at lære	[ʌ 'lɛ:ʌ]
in school zijn (schooljongen zijn)	at gå i skole	[ʌ gɔ² i 'sko:lə]
naar school gaan	at gå i skole	[ʌ gɔ² i 'sko:lə]
alfabet (het)	alfabet (i)	[alfa'be²t]
vak (schoolvak)	fag (i)	['fæ²j]
klaslokaal (het)	klasseværelse (i)	['klasəˌvæɡʌlsə]
les (de)	time (f)	['ti:mə]
pauze (de)	frikvarter (i)	['fʁikvaˌte²g]
bel (de)	skoleklokke (f)	['sko:ləˌklʌkə]
schooltafel (de)	skolebord (i)	['sko:ləˌbo²g]
schoolbord (het)	tavle (f)	['tawlə]
cijfer (het)	karakter (f)	[kaak'te²g]
goed cijfer (het)	høj karakter (f)	['hʌj kaak'te²g]
slecht cijfer (het)	dårlig karakter (f)	['dɔ:li kaak'te²g]
een cijfer geven	at give karakter	[ʌ 'gi² kaak'te²g]
fout (de)	fejl (f)	['faj²l]
fouten maken	at lave fejl	[ʌ 'læ:və 'faj²l]
corrigeren (fouten ~)	at rette	[ʌ 'ʁatə]
spiekbriefje (het)	snydeseddel (f)	['sny:ðəˌsɛð²əl]
huiswerk (het)	hjemmeopgave (f)	['jɛmə 'ʌpˌgæ:və]
oefening (de)	øvelse (f)	['ø:vəlsə]
aanwezig zijn (ww)	at være til stede	[ʌ 'vɛ:ʌ tel 'stɛ:ðə]
absent zijn (ww)	at være fraværende	[ʌ 'vɛ:ʌ 'fʁaˌvɛ²ʌnə]
school verzuimen	at forsømme skolen	[ʌ fʌ'sœm²ə 'sko:lən]
bestraffen (een stout kind ~)	at straffe	[ʌ 'stʁafə]
bestraffing (de)	straf (f), afstraffelse (f)	['stʁaf], ['awˌstʁafəlsə]

gedrag (het)	opførsel (f)	['ʌpˌføg̊ˀsəl]
cijferlijst (de)	karakterbog (f)	[kaak'teg̊ˌbɔˀw]
potlood (het)	blyant (f)	['bly:ˌanˀt]
gom (de)	viskelæder (i)	['veskəˌlɛðˀʌ]
krijt (het)	kridt (i)	['kʁit]
pennendoos (de)	penalhus (i)	[pe'næˀlˌhuˀs]

boekentas (de)	skoletaske (f)	['sko:lə ˌtaskə]
pen (de)	pen (f)	['pɛnˀ]
schrift (de)	hæfte (i)	['hɛftə]
leerboek (het)	lærebog (f)	['lɛ:ʌˌbɔˀw]
passer (de)	passer (f)	['pasʌ]

| technisch tekenen (ww) | at tegne | [ʌ 'tajnə] |
| technische tekening (de) | teknisk tegning (f) | ['tɛknisk 'tajnen] |

gedicht (het)	digt (i)	['degt]
van buiten (bw)	udenad	['uðən'að]
van buiten leren	at lære udenad	[ʌ 'lɛ:ʌ 'uðən'að]

vakantie (de)	skoleferie (f)	['sko:ləˌfeg̊ˀiə]
met vakantie zijn	at holde ferie	[ʌ 'hʌlə 'feg̊ˀiə]
vakantie doorbrengen	at tilbringe ferien	[ʌ 'telˌbʁɛŋˀə 'feg̊ˀiən]

toets (schriftelijke ~)	prøve (f)	['pʁœ:wə]
opstel (het)	skolestil (f)	['sko:lə ˌstiˀl]
dictee (het)	diktat (i, f)	[dik'tæˀt]
examen (het)	eksamen (f)	[ɛk'sæˀmən]
examen afleggen	at tage en eksamen	[ʌ 'aw'lɛgə en ɛk'sæˀmən]
experiment (het)	forsøg (i)	[fʌ'søˀj]

95. Hogeschool. Universiteit

academie (de)	akademi (i)	[akadə'miˀ]
universiteit (de)	universitet (i)	[univæg̊si'teˀt]
faculteit (de)	fakultet (i)	[fakul'teˀt]

student (de)	studerende (f)	[stu'deˀʌnə]
studente (de)	kvindelig studerende (f)	['kvenəli stu'deˀʌnə]
leraar (de)	lærer, forelæser (f)	['lɛ:ʌ], ['fɔ:ɒˌlɛˀsʌ]

| collegezaal (de) | forelæsningssal (f) | ['fɔ:ɒˌlɛˀsnenˌsæˀl] |
| afgestudeerde (de) | alumne (f) | [a'lɔmnə] |

| diploma (het) | diplom (i) | [di'ploˀm] |
| dissertatie (de) | afhandling (f) | ['awˌhanˀlen] |

| onderzoek (het) | studie (i, f) | ['stuˀdjə] |
| laboratorium (het) | laboratorium (i) | [labɒʁa'toɡ̊ˀjɔm] |

college (het)	forelæsning (f)	['fɔ:ɒˌlɛˀsnen]
medestudent (de)	studiekammerat (f)	['stuˀdjə kaməˈʁaˀt]
studiebeurs (de)	stipendium (i)	[sti'pɛnˀdjɔm]
academische graad (de)	akademisk grad (f)	[aka'deˀmisk 'gʁaˀð]

96. Wetenschappen. Disciplines

wiskunde (de)	matematik (f)	[matəma'tik]
algebra (de)	algebra (f)	['algəˌbʁɑ']
meetkunde (de)	geometri (f)	[geomə'tʁi']
astronomie (de)	astronomi (f)	[astʁo'no'm]
biologie (de)	biologi (f)	[biolo'gi']
geografie (de)	geografi (f)	[geogʁɑ'fi']
geologie (de)	geologi (f)	[geolo'gi']
geschiedenis (de)	historie (f)	[hi'stoʁ'iə]
geneeskunde (de)	medicin (f)	[medi'si'n]
pedagogiek (de)	pædagogik (f)	[pɛdago'gik]
rechten (mv.)	ret (f)	['ʁat]
fysica, natuurkunde (de)	fysik (f)	[fy'sik]
scheikunde (de)	kemi (f)	[ke'mi']
filosofie (de)	filosofi (f)	[filoso'fi']
psychologie (de)	psykologi (f)	[sykolo'gi']

97. Schrift. Spelling

grammatica (de)	grammatik (f)	[gʁɑma'tik]
vocabulaire (het)	ordforråd (i)	['oɐ̯foˌʁo'ð]
fonetiek (de)	fonetik (f)	[fonə'tik]
zelfstandig naamwoord (het)	substantiv (i)	['substanˌtiw']
bijvoeglijk naamwoord (het)	adjektiv (i)	['aðjɛkˌtiw']
werkwoord (het)	verbum (i)	['væɐ̯bɔm]
bijwoord (het)	adverbium (i)	[að'væɐ̯'bjɔm]
voornaamwoord (het)	pronomen (i)	[pʁo'no:mən]
tussenwerpsel (het)	interjektion (f)	[entʌjɛk'ɕo'n]
voorzetsel (het)	præposition (f)	[pʁɛposi'ɕo'n]
stam (de)	rod (f)	['ʁo'ð]
achtervoegsel (het)	endelse (f)	['ɛnəlsə]
voorvoegsel (het)	præfiks (i)	[pʁɛ'fiks]
lettergreep (de)	stavelse (f)	['stæːvəlsə]
achtervoegsel (het)	suffiks (i)	[su'fiks]
nadruk (de)	betoning (f), tryk (i)	[be'to'neŋ], ['tʁœk]
afkappingsteken (het)	apostrof (f)	[apo'stʁʌf]
punt (de)	punktum (i)	['pɔŋtɔm]
komma (de/het)	komma (i)	['kʌma]
puntkomma (de)	semikolon (i)	[semi'koːlʌn]
dubbelpunt (de)	kolon (i)	['koːlʌn]
beletselteken (het)	tre prikker (f pl)	['tʁɛː 'pʁɛkʌ]
vraagteken (het)	spørgsmålstegn (i)	['spœɐ̯sˌmɔls taj'n]
uitroepteken (het)	udråbstegn (i)	['uðʁɔbsˌtaj'n]

aanhalingstekens (mv.)	anførselstegn (i pl)	['anˌfø̞ɐ̯səlsˌtajˀn]
tussen aanhalingstekens (bw)	i anførselstegn	[i 'anˌfø̞ɐ̯səlsˌtajˀn]
haakjes (mv.)	parentes (f)	[paɑn'teˀs]
tussen haakjes (bw)	i parentes	[i paɑn'teˀs]
streepje (het)	bindestreg (f)	['benəstʁɑj]
gedachtestreepje (het)	tankestreg (f)	['tɑŋkəˌstʁɑjˀ]
spatie	mellemrum (i)	['mɛləmˌʁɔmˀ]
(~ tussen twee woorden)		
letter (de)	bogstav (i)	['bɔwˌstæw]
hoofdletter (de)	stort bogstav (i)	['stoˀɐ̯t 'bɔgstæw]
klinker (de)	vokal (f)	[vo'kæˀl]
medeklinker (de)	konsonant (f)	[kʌnso'nanˀt]
zin (de)	sætning (f)	['sɛtnəŋ]
onderwerp (het)	subjekt (i)	[sub'jɛkt]
gezegde (het)	prædikat (i)	[pʁɛdi'kæˀt]
regel (in een tekst)	linje (f)	['linjə]
op een nieuwe regel (bw)	på ny linje	[pɔ ny 'linjə]
alinea (de)	afsnit (i)	['awˌsnit]
woord (het)	ord (i)	['oˀɐ̯]
woordgroep (de)	ordgruppe (f)	['oɐ̯ˌgʁupə]
uitdrukking (de)	udtryk (i)	['uðˌtʁœk]
synoniem (het)	synonym (i)	[syno'nyˀm]
antoniem (het)	antonym (i)	[anto'nyˀm]
regel (de)	regel (f)	['ʁɛjˀəl]
uitzondering (de)	undtagelse (f)	['ɔnˌtæˀjəlsə]
correct (bijv. ~e spelling)	rigtig	['ʁɛgti]
vervoeging, conjugatie (de)	bøjning (f)	['bʌjnəŋ]
verbuiging, declinatie (de)	bøjning (f)	['bʌjnəŋ]
naamval (de)	kasus (f)	['kæːsus]
vraag (de)	spørgsmål (i)	['spœɐ̯sˌmɔˀl]
onderstrepen (ww)	at understrege	[ʌ 'ɔnʌˌsdʁɑjə]
stippellijn (de)	punkteret linje (f)	[pɔŋ'teˀʌð 'linjə]

98. Vreemde talen

taal (de)	sprog (i)	['spʁɔˀw]
vreemd (bn)	fremmed-	['fʁaməð-]
vreemde taal (de)	fremmedsprog (i)	['fʁaməð'spʁɔˀw]
leren (bijv. van buiten ~)	at studere	[ʌ stu'deˀʌ]
studeren (Nederlands ~)	at lære	[ʌ 'lɛːʌ]
lezen (ww)	at læse	[ʌ 'lɛːsə]
spreken (ww)	at tale	[ʌ 'tæːlə]
begrijpen (ww)	at forstå	[ʌ fʌ'stɔˀ]
schrijven (ww)	at skrive	[ʌ 'skʁiːvə]
snel (bw)	hurtigt	['hoɐ̯tit]

langzaam (bw)	langsomt	['laŋˌsʌmt]
vloeiend (bw)	flydende	['fly:ðənə]
regels (mv.)	regler (f pl)	['ʁɛjlʌ]
grammatica (de)	grammatik (f)	[gʁama'tik]
vocabulaire (het)	ordforråd (i)	['oɐ̯fɒˌʁɔˀð]
fonetiek (de)	fonetik (f)	[fonə'tik]
leerboek (het)	lærebog (f)	['lɛːʌˌbɔˀw]
woordenboek (het)	ordbog (f)	['oɐ̯ˌbɔˀw]
leerboek (het) voor zelfstudie	lærebog (f) til selvstudium	['lɛːʌˌbɔˀw tel 'sɛlˌstuˀdjɔm]
taalgids (de)	parlør (f)	[pɑ'lœːɐ̯]
cassette (de)	kassette (f)	[ka'sɛtə]
videocassette (de)	videokassette (f)	['viˀdjo ka'sɛtə]
CD (de)	cd (.)	[se'deˀ]
DVD (de)	dvd (f)	[deve'deˀ]
alfabet (het)	alfabet (i)	[alfa'beˀt]
spellen (ww)	at stave	[ʌ 'stæːvə]
uitspraak (de)	udtale (f)	['uðˌtæːlə]
accent (het)	accent (f)	[ak'saŋ]
met een accent (bw)	med accent	[mɛ ak'saŋ]
zonder accent (bw)	uden accent	['uðən ak'saŋ]
woord (het)	ord (i)	['oˀɐ̯]
betekenis (de)	betydning (f)	[be'tyðˀnen]
cursus (de)	kursus (i)	['kuɐ̯sʌ]
zich inschrijven (ww)	at indmelde sig	[ʌ 'enlˌmɛlˀə saj]
leraar (de)	lærer (f)	['lɛːʌ]
vertaling (een ~ maken)	oversættelse (f)	['ɒwʌˌsɛtəlsə]
vertaling (tekst)	oversættelse (f)	['ɒwʌˌsɛtəlsə]
vertaler (de)	oversætter (f)	['ɒwʌˌsɛtʌ]
tolk (de)	tolk (f)	['tʌlˀk]
polyglot (de)	polyglot (f)	[poly'glʌt]
geheugen (het)	hukommelse (f)	[hu'kʌmˀəlsə]

Rusten. Entertainment. Reizen

99. Trip. Reizen

Nederlands	Deens	Uitspraak
toerisme (het)	turisme (f)	[tuˈʁismə]
toerist (de)	turist (f)	[tuˈʁist]
reis (de)	rejse (f)	[ˈʁɑjsə]
avontuur (het)	eventyr (i)	[ˈɛːvənˌtyɐ̯ˀ]
tocht (de)	rejse (f)	[ˈʁɑjsə]
vakantie (de)	ferie (f)	[ˈfeɐ̯ˀiə]
met vakantie zijn	at holde ferie	[ʌ ˈhʌlə ˈfeɐ̯ˀiə]
rust (de)	ophold (i), hvile (f)	[ˈʌpˌhʌlˀ], [ˈviːlə]
trein (de)	tog (i)	[ˈtɔˀw]
met de trein	med tog	[mɛ ˈtɔˀw]
vliegtuig (het)	fly (i)	[ˈflyˀ]
met het vliegtuig	med fly	[mɛ ˈflyˀ]
met de auto	med bil	[mɛ ˈbiˀl]
per schip (bw)	med skib	[mɛ ˈskiˀb]
bagage (de)	bagage (f)	[baˈgæːɕə]
valies (de)	kuffert (f)	[ˈkɔfʌt]
bagagekarretje (het)	bagagevogn (f)	[baˈgæːɕəˌvɒwˀn]
paspoort (het)	pas (i)	[ˈpas]
visum (het)	visum (i)	[ˈviːsɔm]
kaartje (het)	billet (f)	[biˈlɛt]
vliegticket (het)	flybillet (f)	[ˈfly biˈlɛt]
reisgids (de)	rejsehåndbog (f)	[ˈʁɑjsəˌhʌnbɔˀw]
kaart (de)	kort (i)	[ˈkɒːt]
gebied (landelijk ~)	område (i)	[ˈʌmˌʁɔːðə]
plaats (de)	sted (i)	[ˈstɛð]
exotisch (bn)	eksotisk	[ɛkˈsoˀtisk]
verwonderlijk (bn)	forunderlig	[fʌˈɔnˀʌli]
groep (de)	gruppe (f)	[ˈgʁupə]
rondleiding (de)	udflugt (f)	[ˈuðˌflɔgt]
gids (de)	guide (f)	[ˈgɑjd]

100. Hotel

Nederlands	Deens	Uitspraak
hotel (het)	hotel (i)	[hoˈtɛlˀ]
motel (het)	motel (i)	[moˈtɛlˀ]
3-sterren	trestjernet	[ˈtʁɛˌstjæɐ̯ˀnəð]
5-sterren	femstjernet	[ˈfɛmˌstjæɐ̯ˀnəð]

overnachten (ww)	at bo	[ʌ 'boˀ]
kamer (de)	værelse (i)	['væɡʌlsə]
eenpersoonskamer (de)	enkeltværelse (i)	['ɛŋˀkəlt͵væɡʌlsə]
tweepersoonskamer (de)	dobbeltværelse (i)	['dʌbəlt͵væɡʌlsə]
een kamer reserveren	at booke et værelse	[ʌ 'bukə et 'væɡʌlsə]
halfpension (het)	halvpension (f)	['halˀ paŋ'ɕoˀn]
volpension (het)	helpension (f)	['heˀl paŋ'ɕoˀn]
met badkamer	med badekar	[mɛ 'bæːðə͵kɑ]
met douche	med brusebad	[mɛ 'bʁuːsə͵bað]
satelliet-tv (de)	satellit-tv (i)	[satə'lit 'teˀ͵veˀ]
airconditioner (de)	klimaanlæg (i)	['kliːma'an͵lɛˀg]
handdoek (de)	hårdklæde (i)	['hʌn͵klɛːðə]
sleutel (de)	nøgle (f)	['nʌjlə]
administrateur (de)	administrator (f)	[aðmini'stʁɑːtʌ]
kamermeisje (het)	stuepige (f)	['stuə͵piːə]
piccolo (de)	drager (f)	['dʁɑːwʌ]
portier (de)	portier (f)	[pɒ'tje]
restaurant (het)	restaurant (f)	[ʁɛsto'ʁɑŋ]
bar (de)	bar (f)	['bɑˀ]
ontbijt (het)	morgenmad (f)	['mɔːɒn͵mað]
avondeten (het)	aftensmad (f)	['ɑftəns͵mað]
buffet (het)	buffet (f)	[byˈfe]
hal (de)	hall, lobby (f)	['hɔːl], ['lʌbi]
lift (de)	elevator (f)	[elə'væːtʌ]
NIET STOREN	VIL IKKE FORSTYRRES	['vel 'ekə fʌ'styɡˀʌs]
VERBODEN TE ROKEN!	RYGNING FORBUDT	['ʁyːneŋ fʌ'byˀð]

TECHNISCHE APPARATUUR. VERVOER

Technische apparatuur

101. Computer

computer (de)	computer (f)	[kʌm'pju:tʌ]
laptop (de)	bærbar, laptop (f)	['bɛɐ̯ˌbɑˀ], ['lapˌtʌp]
aanzetten (ww)	at tænde	[ʌ 'tɛnə]
uitzetten (ww)	at slukke	[ʌ 'slɔkə]
toetsenbord (het)	tastatur (i)	[tasta'tuɐ̯ˀ]
toets (enter~)	tast (f)	['tast]
muis (de)	mus (f)	['muˀs]
muismat (de)	musemåtte (f)	['mu:səˌmʌtə]
knopje (het)	knap (f)	['knap]
cursor (de)	markør (f)	[mɑ'køˀɐ̯]
monitor (de)	monitor, skærm (f)	['mʌnitʌ], ['skæɐ̯ˀm]
scherm (het)	skærm (f)	['skæɐ̯ˀm]
harde schijf (de)	harddisk (f)	['hɑ:dˌdesk]
volume (het) van de harde schijf	harddisk kapacitet (f)	['hɑ:dˌdesk kapasi'teˀt]
geheugen (het)	hukommelse (f)	[hu'kʌmˀəlsə]
RAM-geheugen (het)	RAM, arbejdslager (i)	['ʁamˀ], ['ɑ:bajdsˌlæˀjʌ]
bestand (het)	fil (f)	['fiˀl]
folder (de)	mappe (f)	['mapə]
openen (ww)	at åbne	[ʌ 'ɔ:bnə]
sluiten (ww)	at lukke	[ʌ 'lɔkə]
opslaan (ww)	at bevare	[ʌ be'vɑˀɑ]
verwijderen (wissen)	at slette, at fjerne	[ʌ 'slɛtə], [ʌ 'fjæɐ̯nə]
kopiëren (ww)	at kopiere	[ʌ ko'pjeˀʌ]
sorteren (ww)	at sortere	[ʌ sɒ'teˀʌ]
overplaatsen (ww)	at overføre	[ʌ 'ɒwʌˌføˀʌ]
programma (het)	program (i)	[pʁo'gʁamˀ]
software (de)	programmel (i)	[pʁogʁɑ'mɛlˀ]
programmeur (de)	programmør (f)	[pʁogʁɑ'møˀɐ̯]
programmeren (ww)	at programmere	[ʌ pʁogʁɑ'meˀʌ]
hacker (computerkraker)	hacker (f)	['hakʌ]
wachtwoord (het)	adgangskode (f)	['aðgaŋsˌko:ðə]
virus (het)	virus (i, f)	['vi:ʁus]
ontdekken (virus ~)	at opdage	[ʌ 'ʌpˌdæˀjə]

| byte (de) | byte (f) | ['bajt] |
| megabyte (de) | megabyte (f) | ['meːgaˌbajt] |

| data (de) | data (i pl) | ['dæːta] |
| databank (de) | database (f) | ['dæːtaˌbæːsə] |

kabel (USB-~, enz.)	kabel (i)	['kæˀbəl]
afsluiten (ww)	at koble fra	[ʌ 'kʌblə fʁɑˀ]
aansluiten op (ww)	at koble	[ʌ 'kʌblə 'te]

102. Internet. E-mail

internet (het)	internet (i)	['entʌˌnɛt]
browser (de)	browser (f)	['bʁɑwsʌ]
zoekmachine (de)	søgemaskine (f)	['søːmaˌskiːnə]
internetprovider (de)	leverandør (f)	[levəʁɑn'døˀɐ̯]

webmaster (de)	webmaster (f)	['wɛbˌmɑːstʌ]
website (de)	website (i. f)	['wɛbˌsajt]
webpagina (de)	webside (f)	['wɛbˌsiːðə]

| adres (het) | adresse (f) | [a'dʁasə] |
| adresboek (het) | adressebog (f) | [a'dʁasəˌbɔˀw] |

postvak (het)	postkasse (f)	['pʌstˌkasə]
post (de)	post (f)	['pʌst]
vol (~ postvak)	fuld	['fulˀ]

bericht (het)	meddelelse (f)	['mɛðˌdeˀləlsə]
binnenkomende berichten (mv.)	indgående meddelelser (f pl)	['enˌgɔˀənə 'mɛðˌdeˀləlsʌ]
uitgaande berichten (mv.)	udgående meddelelser (f pl)	['uðˌgɔːənə 'mɛðˌdeˀləlsʌ]

verzender (de)	afsender (f)	['awˌsɛnˀʌ]
verzenden (ww)	at sende	[ʌ 'sɛnə]
verzending (de)	afsendelse (f)	['awˌsɛnˀəlsə]

| ontvanger (de) | modtager (f) | ['moðˌtæˀjʌ] |
| ontvangen (ww) | at modtage | [ʌ 'moðˌtæˀ] |

| correspondentie (de) | korrespondance (f) | [kɒɒspʌn'dɑŋsə] |
| corresponderen (met ...) | at brevveksle | [ʌ 'bʁɛwˌvɛkslə] |

bestand (het)	fil (o)	['fiˀl]
downloaden (ww)	at downloade	[ʌ 'dɑwnˌlɔwdə]
creëren (ww)	at oprette, at skabe	[ʌ ʌbˌʁatə], [ʌ 'skæːbə]
verwijderen (een bestand ~)	at slette, at fjerne	[ʌ 'slɛtə], [ʌ 'fjæɐ̯nə]
verwijderd (bn)	slettet	['slɛtəð]

verbinding (de)	forbindelse (f)	[fʌ'benˀəlsə]
snelheid (de)	hastighed (f)	['hastiˌheðˀ]
modem (de)	modem (i)	['moːdɛm]
toegang (de)	adgang (f)	['aðˌgɑŋˀ]
poort (de)	port (f)	['poɐ̯ˀt]

| aansluiting (de) | tilkobling (f) | ['tel̩ˌkʌbleŋ] |
| zich aansluiten (ww) | at koblet op til … | [ʌ 'kʌblə 'ʌp tel …] |

| selecteren (ww) | at vælge | [ʌ 'vɛljə] |
| zoeken (ww) | at søge efter … | [ʌ 'sø:ə 'ɛftʌ …] |

103. Elektriciteit

elektriciteit (de)	elektricitet (f)	[elɛktʁisi'te²t]
elektrisch (bn)	elektrisk	[e'lɛktʁisk]
elektriciteitscentrale (de)	elværk (i)	['ɛlˌvæɐ̯k]
energie (de)	energi (f)	[enæɐ̯'gi²]
elektrisch vermogen (het)	elkraft (f)	['ɛlˌkʁɑft]

lamp (de)	elpære (f)	['ɛlˌpɛ²ʌ]
zaklamp (de)	lommelygte (f)	['lʌməˌløgtə]
straatlantaarn (de)	gadelygte (f)	['gæ:ðəˌløgtə]

licht (elektriciteit)	lys (i)	['ly²s]
aandoen (ww)	at tænde	[ʌ 'tɛnə]
uitdoen (ww)	at slukke	[ʌ 'slɔkə]
het licht uitdoen	at slukke lyset	[ʌ 'slɔkə 'ly²seð]
doorbranden (gloeilamp)	at brænde ud	[ʌ 'bʁænə uð²]
kortsluiting (de)	kortslutning (f)	['kɔːtˌslutneŋ]
onderbreking (de)	kabelbrud (i)	['kæ²bəlˌbʁuð]
contact (het)	kontakt (f)	[kɔn'tɑkt]

schakelaar (de)	afbryder (f)	['ɑwˌbʁyð²ʌ]
stopcontact (het)	stikkontakt (f)	['stek kɔn'tɑkt]
stekker (de)	stik (i)	['stek]
verlengsnoer (de)	stikdåse (f)	['stekˌdɔ:sə]
zekering (de)	sikring (f)	['sekʁɛŋ]
kabel (de)	ledning (f)	['leðneŋ]
bedrading (de)	ledningsnet (i)	['leðneŋsˌnɛt]

ampère (de)	ampere (f)	[ɑm'pɛːɐ̯]
stroomsterkte (de)	strømstyrke (f)	['stʁœmˌstyɐ̯kə]
volt (de)	volt (f)	['vʌl²t]
spanning (de)	spænding (f)	['spɛneŋ]

| elektrisch toestel (het) | elektrisk apparat (i) | [e'lɛktʁisk ɑpɑ'ʁɑ²t] |
| indicator (de) | indikator (f) | [endi'kæːtʌ] |

elektricien (de)	elektriker (f)	[e'lɛktʁikʌ]
solderen (ww)	at lodde	[ʌ 'lʌðə]
soldeerbout (de)	loddekolbe (f)	['lʌðəˌkʌlbə]
stroom (de)	strøm (f)	['stʁœm²]

104. Gereedschappen

| werktuig (stuk gereedschap) | værktøj (i) | ['væɐ̯kˌtʌj] |
| gereedschap (het) | værktøjer (i pl) | ['væɐ̯kˌtʌjʌ] |

uitrusting (de)	udstyr (i)	['uðˌstyɐ̯ˀ]
hamer (de)	hammer (f)	['hamʌ]
schroevendraaier (de)	skruetrækker (f)	['skʁuːəˌtʁakʌ]
bijl (de)	økse (f)	['øksə]

zaag (de)	sav (f)	['sæˀv]
zagen (ww)	at save	[ʌ 'sæːvə]
schaaf (de)	høvl (f)	['hœwˀl]
schaven (ww)	at høvle	[ʌ 'hœwlə]
soldeerbout (de)	loddekolbe (f)	['lʌðəˌkʌlbə]
solderen (ww)	at lodde	[ʌ 'lʌðə]

vijl (de)	fil (f)	['fiˀl]
nijptang (de)	knibtang (f)	['kniwˌtaŋˀ]
combinatietang (de)	fladtang (f)	['flaðˌtaŋˀ]
beitel (de)	stemmejern (i)	['stɛməˌjæɐ̯ˀn]

boorkop (de)	bor (i)	['boˀɐ̯]
boormachine (de)	boremaskine (f)	['boːʌ maˈskiːnə]
boren (ww)	at bore	[ʌ 'boːʌ]

mes (het)	kniv (f)	['kniwˀ]
zakmes (het)	lommekniv (f)	['lʌməˌkniwˀ]
knip- (abn)	folde-	['fʌlə-]
lemmet (het)	blad (i)	['blað]

scherp (bijv. ~ mes)	skarp	['skɑːp]
bot (bn)	sløv	['sløwˀ]
bot raken (ww)	at blive sløv	[ʌ 'bliːə 'sløwˀ]
slijpen (een mes ~)	at skærpe, at hvæsse	[ʌ 'skæɐ̯pə], [ʌ 'vɛsə]

bout (de)	bolt (f)	['bʌlˀt]
moer (de)	møtrik (f)	['møtʁɛk]
schroefdraad (de)	gevind (i)	[geˈvenˀ]
houtschroef (de)	skrue (f)	['skʁuːə]

nagel (de)	søm (i)	['sœmˀ]
kop (de)	sømhoved (i)	['sœmˌhoːəð]

liniaal (de/het)	lineal (f)	[lineˈæˀl]
rolmeter (de)	målebånd (i)	['mɔːləˌbʌnˀ]
waterpas (de/het)	vaterpas (i)	['vatʌˌpas]
loep (de)	lup (f)	['lup]

meetinstrument (het)	måleinstrument (i)	['mɔːlə ensˈtʁuˈmɛnˀt]
opmeten (ww)	at måle	[ʌ 'mɔːlə]
schaal (meetschaal)	skala (f)	['skæːla]
gegevens (mv.)	aflæsninger (f pl)	['awˌlɛˀsneŋʌ]

compressor (de)	kompressor (f)	[kʌmˈpʁasʌ]
microscoop (de)	mikroskop (i)	[mikʁoˈskoˀp]

pomp (de)	pumpe (f)	['pɔmpə]
robot (de)	robot (f)	[ʁoˈbʌt]
laser (de)	laser (f)	['lɛjsʌ], ['læːsʌ]
moersleutel (de)	skruenøgle (f)	['skʁuːəˌnʌjlə]

plakband (de)	klisterbånd (t), tape (f)	['klistʌˌbʌnˀ], ['tɛjp]
lijm (de)	lim (f)	['liˀm]
schuurpapier (het)	sandpapir (i)	['sanpaˌpiɐ̯ˀ]
veer (de)	fjeder (f)	['fjeðˀʌ]
magneet (de)	magnet (f)	[mɑw'neˀt]
handschoenen (mv.)	handsker (f pl)	['hanskʌ]
touw (bijv. henneptouw)	reb (i)	['ʁɛˀb]
snoer (het)	snor (f)	['snoˀɐ̯]
draad (de)	ledning (f)	['leðneŋ]
kabel (de)	kabel (i)	['kæˀbəl]
moker (de)	mukkert (f)	['mɔkʌt]
breekijzer (het)	brækstang (f)	['bʁakjæɐ̯ˀn]
ladder (de)	stige (f)	['stiːə]
trapje (inklapbaar ~)	trappestige (f)	['tʁɑpəˌstiːə]
aanschroeven (ww)	at skrue fast	[ʌ 'skʁuːə 'fast]
losschroeven (ww)	at skrue af	[ʌ 'skʁuːə 'æˀ]
dichtpersen (ww)	at klemme	[ʌ 'klɛmə]
vastlijmen (ww)	at klæbe, at lime	[ʌ 'klɛːbə], [ʌ 'liːmə]
snijden (ww)	at skære	[ʌ 'skɛːʌ]
defect (het)	funktionsfejl (f)	[fɔŋˈɡoˀnsˌfɑjˀl]
reparatie (de)	reparation (f)	[ʁɛpʁɑˈɡoˀn]
repareren (ww)	at reparere	[ʌ ʁɛpəˈʁɛˀʌ]
regelen (een machine ~)	at justere	[ʌ juˈsteˀʌ]
nakijken (ww)	at tjekke	[ʌ 'tjɛkə]
controle (de)	kontrol (f)	[kɔnˈtʁʌlˀ]
gegevens (mv.)	aflæsninger (f pl)	['ɑwˌlɛˀsneŋʌ]
degelijk (bijv. ~ machine)	pålidelig	[pʌ'liðˀəli]
ingewikkeld (bn)	kompleks	[kʌm'plɛks]
roesten (ww)	at ruste	[ʌ 'ʁɔstə]
roestig (bn)	rusten	['ʁɔstən]
roest (de/het)	rust (f)	['ʁɔst]

Vervoer

105. Vliegtuig

vliegtuig (het)	fly	['fly']
vliegticket (het)	flybillet (f)	['fly bi'lɛt]
luchtvaartmaatschappij (de)	flyselskab (i)	['fly'sɛlˌskæ'b]
luchthaven (de)	lufthavn (f)	['lɔftˌhɑw'n]
supersonisch (bn)	overlyds-	['ɒwʌˌlyðs-]
gezagvoerder (de)	kaptajn (f)	[kɑp'tɑj'n]
bemanning (de)	besætning (f)	[be'sɛtneŋ]
piloot (de)	pilot (f)	[pi'lo'th]
stewardess (de)	stewardesse (f)	[stjuɑ'dɛsə]
stuurman (de)	styrmand (f)	['styɐˌman']
vleugels (mv.)	vinger (f pl)	['veŋʌ]
staart (de)	hale (f)	['hæːlə]
cabine (de)	cockpit (i)	['kʌkˌpit]
motor (de)	motor (f)	['moːtʌ]
landingsgestel (het)	landingshjul (i)	['laneŋsˌju'l]
turbine (de)	turbine (f)	[tuɐ'biːnə]
propeller (de)	propel (f)	[pʁo'pɛl']
zwarte doos (de)	sort boks (f)	['soɐt 'bʌks]
stuur (het)	rat (i)	['ʁɑt]
brandstof (de)	brændstof (i)	['bʁanˌstʌf]
veiligheidskaart (de)	sikkerhedsinstruks (f)	['sekʌˌheð' en'stʁuks]
zuurstofmasker (het)	iltmaske (f)	['iltˌmaskə]
uniform (het)	uniform (f)	[uni'fɔ'm]
reddingsvest (de)	redningsvest (f)	['ʁɛðneŋsˌvɛst]
parachute (de)	faldskærm (f)	['falˌskæɐ̯'m]
opstijgen (het)	start (f)	['stɑ't]
opstijgen (ww)	at lette	[ʌ 'lɛtə]
startbaan (de)	startbane (f)	['stɑːtˌbæːnə]
zicht (het)	sigtbarhed (f)	['segtbɑˌheð']
vlucht (de)	flyvning (f)	['flywneŋ]
hoogte (de)	højde (f)	['hʌj'də]
luchtzak (de)	lufthul (i)	['lɔftˌhɔl]
plaats (de)	plads (f)	['plas]
koptelefoon (de)	hovedtelefoner (f pl)	['hoːeð teleˈfo'nʌ]
tafeltje (het)	klapbord (i)	['klɑpˌbo'ɐ̯]
venster (het)	vindue (i)	['vendu]
gangpad (het)	midtergang (f)	['metʌˌgɑŋ']

106. Trein

trein (de)	tog (i)	['tɔˀw]
elektrische trein (de)	lokaltog (i)	[lo'kæˀl̩ˌtɔˀw]
sneltrein (de)	lyntog, eksprestog (i)	['ly:nˌtɔˀw], [ɛks'pʁasˌtɔˀw]
diesellocomotief (de)	diesellokomotiv (i)	['diˀsəl lokomo'tiwˀ]
locomotief (de)	damplokomotiv (i)	['damp lokomo'tiwˀ]
rijtuig (het)	vogn (f)	['vɒwˀn]
restauratierijtuig (het)	spisevogn (f)	['spiːsəˌvɒwˀn]
rails (mv.)	skinner (f pl)	['skenʌ]
spoorweg (de)	jernbane (f)	['jæɐ̯ˀnˌbæːnə]
dwarsligger (de)	svelle (f)	['svɛlə]
perron (het)	perron (f)	[pa'ʁʌŋ]
spoor (het)	spor (i)	['spoˀɐ̯]
semafoor (de)	semafor (f)	[sema'foˀɐ̯]
halte (bijv. kleine treinhalte)	station (f)	[sta'ɕoˀn]
machinist (de)	togfører (f)	['tɔwˌføːʌ]
kruier (de)	drager (f)	['dʁɑːwʌ]
conducteur (de)	togbetjent (f)	['tɔw be'tjɛnˀt]
passagier (de)	passager (f)	[pasa'ɕeˀɐ̯]
controleur (de)	kontrollør (f)	[kʌntʁo'løˀɐ̯]
gang (in een trein)	korridor (f)	[kɒi'doˀɐ̯]
noodrem (de)	nødbremse (f)	['nøðˌbʁamsə]
coupé (de)	kupe, kupé (f)	[ku'peˀ]
bed (slaapplaats)	køje (f)	['kʌjə]
bovenste bed (het)	overkøje (f)	['ɒwʌˌkʌjə]
onderste bed (het)	underkøje (f)	['ɔnʌˌkʌjə]
beddengoed (het)	sengetøj (i)	['sɛŋəˌtʌj]
kaartje (het)	billet (f)	[bi'lɛt]
dienstregeling (de)	køreplan (f)	['køːʌˌplæˀn]
informatiebord (het)	informationstavle (f)	[enfɔma'ɕons ˌtawlə]
vertrekken (De trein vertrekt ...)	at afgå	[ʌ 'awˌgɔˀ]
vertrek (ov. een trein)	afgang (f)	['awˌgaŋˀ]
aankomen (ov. de treinen)	at ankomme	[ʌ 'anˌkʌmˀə]
aankomst (de)	ankomst (f)	['anˌkʌmˀst]
aankomen per trein	at ankomme med toget	[ʌ 'anˌkʌmˀə mɛ 'tɔˀwəð]
in de trein stappen	at stå på toget	[ʌ 'stiːə pɔ 'tɔˀwəð]
uit de trein stappen	at stå af toget	[ʌ 'stiːə a 'tɔˀwəð]
treinwrak (het)	togulykke (f)	['tɔw uˌløkə]
ontspoord zijn	at afspore	[ʌ 'awˌspoˀʌ]
locomotief (de)	damplokomotiv (i)	['damp lokomo'tiwˀ]
stoker (de)	fyrbøder (f)	['fyɐ̯ˌbøðʌ]
stookplaats (de)	fyrrum (i)	['fyɐ̯ˌʁɔmˀ]
steenkool (de)	kul (i)	['kɔl]

107. Schip

schip (het)	skib (i)	['skiˀb]
vaartuig (het)	fartøj (i)	['fɑːˌtʌj]
stoomboot (de)	dampskib (i)	['dampˌskiˀb]
motorschip (het)	flodbåd (f)	['floðˌbɔˀð]
lijnschip (het)	cruiseskib (i)	['kʁuːsˌskiˀb]
kruiser (de)	krydser (f)	['kʁysʌ]
jacht (het)	yacht (f)	['jɑgt]
sleepboot (de)	bugserbåd (f)	[bug'seɐ̯ˌbɔˀð]
duwbak (de)	pram (f)	['pʁɑmˀ]
ferryboot (de)	færge (f)	['fæɐ̯wə]
zeilboot (de)	sejlbåd (f)	['sɑjlˌbɔˀð]
brigantijn (de)	brigantine (f)	[bʁigɑn'tiːnə]
IJsbreker (de)	isbryder (f)	['isˌbʁyðʌ]
duikboot (de)	u-båd (f)	['uˀˌbɔð]
boot (de)	båd (f)	['bɔˀð]
sloep (de)	jolle (f)	['jʌlə]
reddingssloep (de)	redningsbåd (f)	['ʁɛðneŋsˌbɔˀð]
motorboot (de)	motorbåd (f)	['moːtʌˌbɔˀð]
kapitein (de)	kaptajn (f)	[kɑp'tɑjˀn]
zeeman (de)	matros (f)	[mɑ'tʁoˀs]
matroos (de)	sømand (f)	['søˌmanˀ]
bemanning (de)	besætning (f)	[be'sɛtneŋ]
bootsman (de)	bådsmand (f)	['bɔðsˌmanˀ]
scheepsjongen (de)	skibsdreng, jungmand (f)	['skibsˌdʁɑŋˀ], ['jɔŋˌmanˀ]
kok (de)	kok (f)	['kʌk]
scheepsarts (de)	skibslæge (f)	['skibsˌlɛːjə]
dek (het)	dæk (i)	['dɛk]
mast (de)	mast (f)	['mɑst]
zeil (het)	sejl (i)	['sɑjˀl]
ruim (het)	lastrum (i)	['lastˌʁɔmˀ]
voorsteven (de)	bov (f)	['bɔwˀ]
achtersteven (de)	agterende (f)	['ɑgtʌˌʁɑnə]
roeispaan (de)	åre (f)	['ɔːɒ]
schroef (de)	propel (f)	[pʁo'pɛlˀ]
kajuit (de)	kahyt (f)	[kɑ'hyt]
officierskamer (de)	officersmesse (f)	[ʌfi'seɐ̯sˌmɛsə]
machinekamer (de)	maskinrum (i)	[mɑ'skiːnˌʁɔmˀ]
brug (de)	kommandobro (f)	[kɒ'mandoˌbʁoˀ]
radiokamer (de)	radiorum (i)	['ʁɑdjoˌʁɔmˀ]
radiogolf (de)	bølge (f)	['bøljə]
logboek (het)	logbog (f)	['lʌgˌbɔˀw]
verrekijker (de)	kikkert (f)	['kikʌt]
klok (de)	klokke (f)	['klʌkə]

vlag (de)	flag (i)	['flæˀj]
kabel (de)	trosse (f)	['tʁʌsə]
knoop (de)	knob (i)	['knoˀb]

trapleuning (de)	håndlister (pl)	['hʌnˌlestʌ]
trap (de)	landgang (f)	['lanˌgaŋˀ]

anker (het)	anker (i)	['aŋkʌ]
het anker lichten	at lette anker	[ʌ 'lɛtə 'aŋkʌ]
het anker neerlaten	at kaste anker	[ʌ 'kastə 'aŋkʌ]
ankerketting (de)	ankerkæde (f)	['aŋkʌˌkɛːðə]

haven (bijv. containerhaven)	havn (f)	['hawˀn]
kaai (de)	kaj (f)	['kajˀ]
aanleggen (ww)	at fortøje	[ʌ fʌ'tʌjˀə]
wegvaren (ww)	at kaste los	[ʌ 'kastə 'lʌs]

reis (de)	rejse (f)	['ʁajsə]
cruise (de)	krydstogt (i)	['kʁysˌtʌgt]
koers (de)	kurs (f)	['kuɐ̯ˀs]
route (de)	rute (f)	['ʁuːtə]

vaarwater (het)	sejlrende (f)	['sajlˌʁanə]
zandbank (de)	grund (f)	['gʁɔnˀ]
stranden (ww)	at gå på grund	[ʌ 'gɔˀ pɔ 'gʁɔnˀ]

storm (de)	storm (f)	['stɒˀm]
signaal (het)	signal (i)	[si'næˀl]
zinken (ov. een boot)	at synke	[ʌ 'søŋkə]
Man overboord!	Mand over bord!	['manˀ 'ɒwʌ ˌboˀɐ̯]
SOS (noodsignaal)	SOS	[ɛso'ɛs]
reddingsboei (de)	redningskrans (f)	['ʁɛðneŋsˌkʁanˀs]

108. Vliegveld

luchthaven (de)	lufthavn (f)	['lɔftˌhawˀn]
vliegtuig (het)	fly (i)	['flyˀ]
luchtvaartmaatschappij (de)	flyselskab (i)	['flyˀsɛlˌskæˀb]
luchtverkeersleider (de)	flyveleder (f)	['flyːvəˌleːðʌ]

vertrek (het)	afgang (f)	['awˌgaŋˀ]
aankomst (de)	ankomst (f)	['anˌkʌmˀst]
aankomen (per vliegtuig)	at ankomme	[ʌ 'anˌkʌmˀə]

vertrektijd (de)	afgangstid (f)	['awgaŋsˌtiðˀ]
aankomstuur (het)	ankomsttid (f)	['ankʌmˀstˌtið]

vertraagd zijn (ww)	at blive forsinke	[ʌ 'bliːə fʌ'senˀkə]
vluchtvertraging (de)	afgangsforsinkelse (f)	['awˌgaŋs fʌ'seŋkəlsə]

informatiebord (het)	informationstavle (f)	[enfɔma'ɕɔns ˌtawlə]
informatie (de)	information (f)	[enfɔma'ɕoˀn]
aankondigen (ww)	at meddele	[ʌ 'mɛðˌdeˀlə]
vlucht (bijv. KLM ~)	flight (f)	['flajt]

douane (de)	told (f)	['tʌlˀ]
douanier (de)	toldbetjent (f)	['tʌl be'tjɛnˀt]
douaneaangifte (de)	tolddeklaration (f)	['tʌl deklaɑˌɕoˀn]
invullen (douaneaangifte ~)	at udfylde	[ʌ 'uðˌfylˀə]
een douaneaangifte invullen	at udfylde	[ʌ 'uðˌfylˀə
	en tolddeklaration	en 'tʌlˀdeklaɑ'ɕoˀn]
paspoortcontrole (de)	paskontrol (f)	['paskɔnˌtʁʌlˀ]
bagage (de)	bagage (f)	[ba'gæːɕə]
handbagage (de)	håndbagage (f)	['hʌn ba'gæːɕə]
bagagekarretje (het)	bagagevogn (f)	[ba'gæːɕəˌvɒwˀn]
landing (de)	landing (f)	['lanen]
landingsbaan (de)	landingsbane (f)	['lanenˌsbæːnə]
landen (ww)	at lande	[ʌ 'lanə]
vliegtuigtrap (de)	trappe (f)	['tʁɑpə]
inchecken (het)	check-in (f)	[tjɛk'en]
incheckbalie (de)	check-in-skranke (f)	[tjɛk'enˌskʁɑŋkə]
inchecken (ww)	at tjekke en	[ʌ 'tjɛkə 'enˀ]
instapkaart (de)	boardingkort (i)	['boːdeŋˌkɒːt]
gate (de)	gate (f)	['gɛjt]
transit (de)	transit (f)	[tʁɑn'sit]
wachten (ww)	at vente	[ʌ 'vɛntə]
wachtzaal (de)	ventesal (f)	['vɛntəˌsæˀl]
begeleiden (uitwuiven)	at vinke farvel	[ʌ 'veŋkə fɑ'vɛl]
afscheid nemen (ww)	at sige farvel	[ʌ 'siː fɑ'vɛl]

Gebeurtenissen in het leven

109. Vakanties. Evenement

feest (het)	fest (f)	['fɛst]
nationale feestdag (de)	nationaldag (f)	[naɕo'næˀlˌdæˀ]
feestdag (de)	festdag (f)	['fɛstˌdæˀ]
herdenken (ww)	at fejre	[ʌ 'fajʁʌ]

gebeurtenis (de)	begivenhed (f)	[be'giˀvənˌheðˀ]
evenement (het)	arrangement (i)	[aaŋɕə'maŋ]
banket (het)	banket (f)	[baŋ'kɛt]
receptie (de)	reception (f)	[ʁɛsəp'ɕoˀn]
feestmaal (het)	fest (f)	['fɛst]

verjaardag (de)	årsdag (f)	['ɒˀsˌdæˀ]
jubileum (het)	jubilæum (i)	[jubi'lɛːɔm]
vieren (ww)	at fejre	[ʌ 'fajʁʌ]

Nieuwjaar (het)	nytår (i)	['nytˌɒˀ]
Gelukkig Nieuwjaar!	Godt nytår!	['gʌt 'nytˌɒˀ]
Sinterklaas (de)	Julemanden	['juːləˌmanˀ]

Kerstfeest (het)	jul (f)	['juˀl]
Vrolijk kerstfeest!	Glædelig Jul!, God Jul!	['glɛːðəli 'juˀl], [goð 'juˀl]
kerstboom (de)	juletræ (i)	['juːləˌtʁɛˀ]
vuurwerk (het)	fyrværkeri (i)	[fyɐ̯væɐ̯kʌ'ʁiˀ]

bruiloft (de)	bryllup (i)	['bʁœlʌp]
bruidegom (de)	brudgom (f)	['bʁuðˌgʌmˀ]
bruid (de)	brud (f)	['bʁuð]

uitnodigen (ww)	at indbyde, at invitere	[ʌ 'enˌbyˀðə], [ʌ envi'teˀʌ]
uitnodiging (de)	indbydelse (f)	[en'byˀðəlsə]

gast (de)	gæst (f)	['gɛst]
op bezoek gaan	at besøge	[ʌ be'søˀjə]
gasten verwelkomen	at hilse på gæsterne	[ʌ 'hilsə pɔ 'gɛstɐ̯nə]

geschenk, cadeau (het)	gave (f)	['gæːvə]
geven (iets cadeau ~)	at give	[ʌ 'giˀ]
geschenken ontvangen	at få gaver	[ʌ 'fɔˀ 'gæːvə]
boeket (het)	buket (f)	[bu'kɛt]

felicitaties (mv.)	lykønskning (f)	['løkˌønˀsknen]
feliciteren (ww)	at gratulere	[ʌ gʁatu'leˀʌ]

wenskaart (de)	lykønskningskort (i)	['løkˌønˀsknens 'kɒːt]
een kaartje versturen	at sende et postkort	[ʌ 'sɛnə et 'pʌstˌkɒːt]
een kaartje ontvangen	at få et postkort	[ʌ 'fɔˀ et 'pʌstˌkɒːt]

toast (de)	skål (f)	['skɔʔl]
aanbieden (een drankje ~)	at byde på	[ʌ 'byːðə pɔʔ]
champagne (de)	champagne (f)	[ɕamˈpanjə]
plezier hebben (ww)	at more sig	[ʌ 'moːʌ saj]
plezier (het)	munterhed (f)	['mɔntʌˌheðʔ]
vreugde (de)	glæde (f)	['glɛːðə]
dans (de)	dans (f)	['danʔs]
dansen (ww)	at danse	[ʌ 'dansə]
wals (de)	vals (f)	['valʔs]
tango (de)	tango (f)	['tɑŋgo]

110. Begrafenissen. Begrafenis

kerkhof (het)	kirkegård (f)	['kiɐ̯kəˌgɒʔ]
graf (het)	grav (f)	['gʁɑʔw]
kruis (het)	kors (i)	['kɔːs]
grafsteen (de)	gravsten (f)	['gʁɑwˌsteʔn]
omheining (de)	hegn (i)	['hajʔn]
kapel (de)	kapel (i)	[kaˈpɛlʔ]
dood (de)	død (f)	['døðʔ]
sterven (ww)	at dø	[ʌ 'døʔ]
overledene (de)	der afdøde	[dən awˈdøːðə]
rouw (de)	sorg (f)	['sɒʔw]
begraven (ww)	at begrave	[ʌ beˈgʁɑʔvə]
begrafenisonderneming (de)	begravelseskontor (i)	[beˈgʁɑʔwəlsəs kɔnˈtoʔɐ̯]
begrafenis (de)	begravelse (f)	[beˈgʁɑʔwəlsə]
krans (de)	krans (f)	['kʁɑnʔs]
doodskist (de)	ligkiste (f)	['liːˌkiːstə]
lijkwagen (de)	rustvogn (f)	['ʁɔstˌvɒwʔn]
lijkkleed (het)	ligklæde (i)	['liːˌklɛːðə]
begrafenisstoet (de)	sørgetog (i)	['sœɐ̯wəˌtɔʔw]
urn (de)	urne (f)	['uɐ̯nə]
crematorium (het)	krematorium (i)	[kʁɛmaˈtoʔɐ̯iɔm]
overlijdensbericht (het)	nekrolog (f)	[nekʁoˈloʔ]
huilen (wenen)	at græde	[ʌ 'gʁɑːðə]
snikken (huilen)	at hulke	[ʌ 'hulkə]

111. Oorlog. Soldaten

peloton (het)	deling (f)	['deːleŋ]
compagnie (de)	kompagni (i)	[kɔmpaˈniʔ]
regiment (het)	regiment (i)	[ʁɛgiˈmɛnʔt]
leger (armee)	hær (f)	['hɛʔɐ̯]
divisie (de)	division (f)	[diviˈɕoʔn]

sectie (de)	trop (f), afdeling (f)	['tʁʌp], ['awˌdeˀleŋ]
troep (de)	hær (f)	['hɛˀɐ̯]
soldaat (militair)	soldat (f)	[sol'dæˀt]
officier (de)	officer (f)	[ʌfi'seˀɐ̯]
soldaat (rang)	menig (f)	['meːni]
sergeant (de)	sergent (f)	[sæɐ̯'ɕanˀt]
luitenant (de)	løjtnant (f)	['lʌjtˌnanˀt]
kapitein (de)	kaptajn (f)	[kɑp'tajˀn]
majoor (de)	major (f)	[ma'joˀɐ̯]
kolonel (de)	oberst (f)	['oˀbʌst]
generaal (de)	general (f)	[genə'ʁɑˀl]
matroos (de)	sømand (f)	['søˌmanˀ]
kapitein (de)	kaptajn (f)	[kɑp'tajˀn]
bootsman (de)	bådsmand (f)	['bɔðsˌmanˀ]
artillerist (de)	artillerist (f)	[ˌɑːtelʌ'ʁist]
valschermjager (de)	faldskærmsjæger (f)	['falˌskæɐ̯ˀmsˌjɛːjʌ]
piloot (de)	flyver (f)	['flyːvʌ]
stuurman (de)	styrmand (f)	['styɐ̯ˌmanˀ]
mecanicien (de)	mekaniker (f)	[me'kæˀnikʌ]
sappeur (de)	pioner (f)	[pio'neˀɐ̯]
parachutist (de)	faldskærmsudspringer (f)	['falˌskæɐ̯ˀms 'uðˌspʁɛŋʌ]
verkenner (de)	opklaringssoldat (f)	['ʌpˌklɑˀeŋs sol'dæˀt]
scherpschutter (de)	snigskytte (f)	['sniːˌskøtə]
patrouille (de)	patrulje (f)	[pa'tʁuljə]
patrouilleren (ww)	at patruljere	[ʌ patʁul'jeˀʌ]
wacht (de)	vagt (f)	['vɑgt]
krijger (de)	kriger (f)	['kʁiˀʌ]
held (de)	helt (f)	['hɛlˀt]
heldin (de)	heltinde (f)	[hɛlt'enə]
patriot (de)	patriot (f)	[patʁi'oˀt]
verrader (de)	forræder (f)	[fʌ'ʁaðˀʌ]
verraden (ww)	at forråde	[ʌ fʌ'ʁɔˀðə]
deserteur (de)	desertør (f)	[desæɐ̯'tøˀɐ̯]
deserteren (ww)	at desertere	[ʌ desæɐ̯'teˀʌ]
huurling (de)	lejesoldat (f)	['lajə sol'dæˀt]
rekruut (de)	rekrut (f)	[ʁɛ'kʁut]
vrijwilliger (de)	frivillig (f)	['fʁiˌvilˀi]
gedode (de)	dræbt (f)	['dʁabt]
gewonde (de)	såret (f)	['sɒːʌð]
krijgsgevangene (de)	fange (f)	['faŋə]

112. Oorlog. Militaire acties. Deel 1

oorlog (de)	krig (f)	['kʁiˀ]
oorlog voeren (ww)	at være i krig	[ʌ 'vɛːʌ i kʁiˀ]

burgeroorlog (de)	borgerkrig (f)	['bɒ:wʌˌkʁiˀ]
achterbaks (bw)	troløst, forræderisk	['tʁoˌløˀs], [fʌˈʁaðˀʌʁisk]
oorlogsverklaring (de)	krigserklæring (f)	[ˌkʁis æɡˈklɛˀɡeŋ]
verklaren (de oorlog ~)	at erklære	[ʌ æɡˈklɛˀʌ]
agressie (de)	aggression (f)	[aɡʁəˈɕoˀn]
aanvallen (binnenvallen)	at angribe	[ʌ ˈanˌɡʁiˀbə]
binnenvallen (ww)	at invadere	[ʌ envaˈdeˀʌ]
invaller (de)	angriber (f)	[ˈanˌɡʁiˀbʌ]
veroveraar (de)	erobrer (f)	[eˈʁoˀbʁʌ]
verdediging (de)	forsvar (i)	[ˈfɒːˌsvɑˀ]
verdedigen (je land ~)	at forsvare	[ʌ fʌˈsvɑˀɑ]
zich verdedigen (ww)	at forsvare sig	[ʌ fʌˈsvɑˀɑ sɑj]
vijand (de)	fjende (f)	[ˈfjɛnə]
tegenstander (de)	modstander (f)	[ˈmoðˌstanˀʌ]
vijandelijk (bn)	fjendtlig	[ˈfjɛntli]
strategie (de)	strategi (f)	[stʁatəˈɡiˀ]
tactiek (de)	taktik (f)	[tɑkˈtik]
order (de)	ordre (f)	[ˈɒˀdʁʌ]
bevel (het)	ordre (f), kommando (i, f)	[ˈɒˀdʁʌ], [koˈmando]
bevelen (ww)	at beordre	[ʌ beˈɒˀdʁʌ]
opdracht (de)	mission (f)	[miˈɕoˀn]
geheim (bn)	hemmelig	[ˈhɛməli]
slag (de)	batalje (f)	[bɑˈtɑljə]
veldslag (de)	slag (i)	[ˈslæˀj]
strijd (de)	kamp (f)	[ˈkɑmˀp]
aanval (de)	angreb (i)	[ˈanˌɡʁɛˀb]
bestorming (de)	storm (f)	[ˈstɒˀm]
bestormen (ww)	at storme	[ʌ ˈstɒːmə]
bezetting (de)	belejring (f)	[beˈlɑjˀʁen]
aanval (de)	offensiv (f), angreb (i)	[ˈʌfənˌsiwˀ], [ˈanˌɡʁɛˀb]
in het offensief te gaan	at angribe	[ʌ ˈanˌɡʁiˀbə]
terugtrekking (de)	retræte (f)	[ʁɛˈtʁɛːtə]
zich terugtrekken (ww)	at retirere	[ʌ ʁɛtiˈʁɛˀʌ]
omsingeling (de)	omringning (f)	[ˈʌmˌʁɛŋneŋ]
omsingelen (ww)	at omringe	[ʌ ˈʌmˌʁɛŋˀə]
bombardement (het)	bombning (f)	[ˈbɔmbneŋ]
een bom gooien	at droppe en bombe	[ʌ ˈdʁʌpə en ˈbɔmbə]
bombarderen (ww)	at bombardere	[ʌ bɔmbɑˈdeˀʌ]
ontploffing (de)	eksplosion (f)	[ɛksploˈɕoˀn]
schot (het)	skud (i)	[ˈskuð]
een schot lossen	at skyde	[ʌ ˈskyːðə]
schieten (het)	skydning (f)	[ˈskyðneŋ]
mikken op (ww)	at sigte på ...	[ʌ ˈseɡtə pɔˀ ...]
aanleggen (een wapen ~)	at rette ind	[ʌ ˈʁatə enˀ]

treffen (doelwit ~)	at træffe	[ʌ 'tʁafə]
zinken (tot zinken brengen)	at sænke	[ʌ 'sɛŋkə]
kogelgat (het)	hul (i)	['hɔl]
zinken (gezonken zijn)	at synke	[ʌ 'søŋkə]

front (het)	front (f)	['fʁʌnˀt]
evacuatie (de)	evakuering (f)	[evaku'eˀʁeŋ]
evacueren (ww)	at evakuere	[ʌ evaku'eˀʌ]

loopgraaf (de)	skyttegrav (f)	['skøtə‚gʁɑˀw]
prikkeldraad (de)	pigtråd (f)	['pig‚tʁɔˀð]
verdedigingsobstakel (het)	afspærring (f)	['ɑw‚spæɐ̯ˀeŋ]
wachttoren (de)	vagttårn (i)	['vɑgt‚tɔˀn]

hospitaal (het)	militærsygehus (i)	[mili'tɛɐ̯ 'syːə‚huˀs]
verwonden (ww)	at såre	[ʌ 'sɒːɒ]
wond (de)	sår (i)	['sɒˀ]
gewonde (de)	såret (f)	['sɒːʌð]
gewond raken (ww)	at blive såret	[ʌ 'bliːə 'sɒːʌð]
ernstig (~e wond)	alvorlig	[al'vɒˀli]

113. Oorlog. Militaire acties. Deel 2

krijgsgevangenschap (de)	fangenskab (i)	['faŋən‚skæˀb]
krijgsgevangen nemen	at tage til fange	[ʌ 'tæˀ tel 'faŋə]
krijgsgevangene zijn	at være i fangenskab	[ʌ 'vɛːʌ i 'faŋən‚skæˀb]
krijgsgevangen genomen worden	at blive taget til fange	[ʌ 'bliːə 'tæəð tel 'faŋə]

concentratiekamp (het)	koncentrationslejr (f)	[kʌnsəntʁa'ɕoˀns‚lɑjˀʌ]
krijgsgevangene (de)	fange (f)	['faŋə]
vluchten (ww)	at flygte	[ʌ 'fløgtə]

verraden (ww)	at forråde	[ʌ fʌ'ʁɔˀðə]
verrader (de)	forræder (f)	[fʌ'ʁaðˀʌ]
verraad (het)	forræderi (i)	[fʌʁaðʌ'ʁiˀ]

| fusilleren (executeren) | at henrette ved skydning | [ʌ 'hɛn‚ʁatə ve 'skyðneŋ] |
| executie (de) | skydning (f) | ['skyðneŋ] |

uitrusting (de)	mundering (f)	[mɔn'deˀɡ̊eŋ]
schouderstuk (het)	skulderstrop (f)	['skulʌ‚stʁʌp]
gasmasker (het)	gasmaske (f)	['gas‚maskə]

portofoon (de)	feltradio (f)	['fɛlˀt‚ʁɑˀdjo]
geheime code (de)	chiffer (i)	['ɕifʌ]
samenzwering (de)	hemmelgholdelse (f)	['hɛməli‚hʌlˀəlsə]
wachtwoord (het)	adgangskode (f)	['að̠gaŋs‚koːðə]

mijn (landmijn)	mine (f)	['miːnə]
ondermijnen (legden mijnen)	at minere	[ʌ mi'neˀʌ]
mijnenveld (het)	minefelt (i)	['miːnə‚fɛlˀt]
luchtalarm (het)	luftalarm (f)	['lɔft a'lɑˀm]
alarm (het)	alarm (f)	[a'lɑˀm]

T&F Books. Thematische woordenschat Nederlands-Deens - 5000 woorden

signaal (het)	signal (i)	[si'næˀl]
vuurpijl (de)	signalraket (f)	[si'næl ʁɑ'kɛt]

staf (generale ~)	stab (f)	['stæˀb]
verkenningstocht (de)	opklaring (f)	['ʌpˌklɑˀeŋ]
toestand (de)	situation (f)	[sitwa'ɕoˀn]
rapport (het)	rapport (f)	[ʁɑ'pɒːt]
hinderlaag (de)	baghold (i)	['bɑwˌhʌlˀ]
versterking (de)	forstærkning (f)	[fʌ'stæɐ̯kneŋ]

doel (bewegend ~)	mål (i)	['mɔˀl]
proefterrein (het)	skydebane (f)	['skyːðəˌbæːnə]
manoeuvres (mv.)	manøvrer (f pl)	[ma'nøwʁʌ]

paniek (de)	panik (f)	[pa'nik]
verwoesting (de)	ødelæggelse (f)	['øːðəˌlɛgəlsə]
verwoestingen (mv.)	ruiner (f pl)	[ʁu'iˀnʌ]
verwoesten (ww)	at ødelægge	[ʌ 'øːðəˌlɛgə]

overleven (ww)	at overleve	[ʌ 'ɒwʌˌleˀvə]
ontwapenen (ww)	at afvæbne	[ʌ 'awˌvɛˀbnə]
behandelen (een pistool ~)	at håndtere	[ʌ hʌn'teˀʌ]

Geeft acht!	Ret	['ʁat]
Op de plaats rust!	Rør!	['ʁœˀɐ̯]

heldendaad (de)	bedrift (f)	[be'dʁɛft]
eed (de)	ed (c)	['eðˀ]
zweren (een eed doen)	at sværge	[ʌ 'svæɐ̯wə]

decoratie (de)	belønning (f)	[be'lœnˀeŋ]
onderscheiden (een ereteken geven)	at belønne	[ʌ be'lœnˀə]
medaille (de)	medalje (f)	[me'daljə]
orde (de)	orden (f)	['ɒˀdən]

overwinning (de)	sejr (f)	['sɑjˀʌ]
verlies (het)	nederlag (i)	['neðʌˌlæˀj]
wapenstilstand (de)	våbenhvile (f)	['vɔˀbənˌviːlə]

wimpel (vaandel)	fane (f)	['fæːnə]
roem (de)	berømmelse (f)	[be'ʁœmˀəlsə]
parade (de)	parade (f)	[pɑ'ʁɑːðə]
marcheren (ww)	at marchere	[ʌ mɑ'ɕeˀʌ]

114. Wapens

wapens (mv.)	våben (i)	['vɔˀbən]
vuurwapens (mv.)	skydevåben (i)	['skyːðəˌvɔˀbən]
koude wapens (mv.)	blankvåben (i)	['blaŋkəˌvɔˀbən]

chemische wapens (mv.)	kemisk våben (i)	['keˀmisk ˌvɔˀbən]
kern-, nucleair (bn)	kerne-, atom-	['kæɐ̯nə-], [a'tom-]
kernwapens (mv.)	kernevåben (i)	['kæɐ̯nəˌvɔˀbən]

| bom (de) | bombe (f) | ['bɔmbə] |
| atoombom (de) | atombombe (f) | [a'toˀmˌbɔmbə] |

pistool (het)	pistol (f)	[pi'stoˀl]
geweer (het)	gevær (i)	[ge'vɛˀɐ̯]
machinepistool (het)	maskinpistol (f)	[ma'skiːn pi'stoˀl]
machinegeweer (het)	maskingevær (i)	[ma'skiːn ge'vɛˀɐ̯]

loop (schietbuis)	munding (f)	['monen]
loop (bijv. geweer met kortere ~)	løb (i)	['løˀb]
kaliber (het)	kaliber (i, f)	[ka'liˀbʌ]

trekker (de)	aftrækker (f)	['awˌtʁakʌ]
korrel (de)	sigte (f)	['segtə]
magazijn (het)	magasin (i)	[mɑga'siˀn]
geweerkolf (de)	kolbe (f)	['kʌlbə]

| granaat (handgranaat) | håndgranat (f) | ['hʌn gʁɑ'næˀt] |
| explosieven (mv.) | sprængstof (i) | ['spʁaŋˌstʌf] |

kogel (de)	kugle (f)	['kuːlə]
patroon (de)	patron (f)	[pa'tʁoˀn]
lading (de)	ladning (f)	['laðnen]
ammunitie (de)	ammunition (f)	[ɑmuni'ɕoˀn]

bommenwerper (de)	bombefly (i)	['bɔmbəˌflyˀ]
straaljager (de)	jagerfly (i)	['jɛːjəˌflyˀ]
helikopter (de)	helikopter (f)	[hɛli'kʌptʌ]

afweergeschut (het)	luftværnskanon (f)	['lɔftvæɐ̯ns ka'noˀn]
tank (de)	kampvogn (f)	['kɑmpˌvɒˀwn]
kanon (tank met een ~ van 76 mm)	kanon (f)	[ka'noˀn]

artillerie (de)	artilleri (i)	[ˌɑːtelʌ'ʁiˀ]
kanon (het)	kanon (f)	[ka'noˀn]
aanleggen (een wapen ~)	at rette ind	[ʌ 'ʁatə enˀ]

projectiel (het)	projektil (i)	[pʁoɕɛk'tiˀl]
mortiergranaat (de)	mortergranat (f)	[mɒ'teɐ̯ gʁɑ'næˀt]
mortier (de)	morter (f)	[mɒ'teˀɐ̯]
granaatscherf (de)	splint (f)	['splenˀt]

duikboot (de)	u-båd (f)	['uˀˌbɔð]
torpedo (de)	torpedo (f)	[tɒ'peːdo]
raket (de)	missil (i)	[mi'siˀl]

laden (geweer, kanon)	at lade	[ʌ 'læːðə]
schieten (ww)	at skyde	[ʌ 'skyːðə]
richten op (mikken)	at sigte på ...	[ʌ 'segtə pɔˀ ...]
bajonet (de)	bajonet (f)	[bɑjo'nɛt]

degen (de)	kårde (f)	['kɒˀʌ]
sabel (de)	sabel (f)	['sæˀbəl]
speer (de)	spyd (i)	['spyð]

boog (de)	bue (f)	['buːə]
pijl (de)	pil (f)	['piʔl]
musket (de)	musket (f)	[mu'skɛt]
kruisboog (de)	armbrøst (f)	['aʔmˌbʁœst]

115. Oude mensen

primitief (bn)	fortids-	['fɒːtiðs-]
voorhistorisch (bn)	forhistorisk	['fɒːhi'stoʔɐisk]
eeuwenoude (~ beschaving)	oldtids-, antik	['ʌlˌtiðs-], [an'tik]
Steentijd (de)	Stenalderen	['steːnˌalʔʌən]
Bronstijd (de)	Bronzealder (f)	['bʁʌŋsəˌalʔʌ]
IJstijd (de)	istid (f), glacialtid (f)	['isˌtiðʔ], [gla'ɕælˌtiðʔ]
stam (de)	stamme (f)	['stamə]
menseneter (de)	kannibal (f)	[kani'bæʔl]
jager (de)	jæger (f)	['jɛːjʌ]
jagen (ww)	at jage	[ʌ 'jæːjə]
mammoet (de)	mammut (f)	['mamut]
grot (de)	grotte (f)	['gʁʌtə]
vuur (het)	ild (c)	['ilʔ]
kampvuur (het)	bål (;)	['bɔʔl]
rotstekening (de)	helleristning (f)	['hɛləˌʁɛstnen]
werkinstrument (het)	redskab (i)	['ʁɛðˌskæʔb]
speer (de)	spyd (i)	['spyð]
stenen bijl (de)	stenøkse (f)	['steːnˌøksə]
oorlog voeren (ww)	at være i krig	[ʌ 'vɛːʌ i kʁiʔ]
temmen (bijv. wolf ~)	at tæmme	[ʌ 'tɛmə]
idool (het)	ido (i)	[i'doʔl]
aanbidden (ww)	at dyrke	[ʌ 'dyɐ̯kə]
bijgeloof (het)	overtro (f)	['ɒwʌˌtʁoʔ]
ritueel (het)	ritus (f), rite (f)	['ʁitus], ['ʁitə]
evolutie (de)	evolution (f)	[evolu'ɕoʔn]
ontwikkeling (de)	udvikling (f)	['uðˌveklen]
verdwijning (de)	forsvinden (f)	[fʌ'svenən]
zich aanpassen (ww)	at tilpasse sig	[ʌ 'telˌpasə saj]
archeologie (de)	arkæologi (f)	[ˌɑːkɛolo'giʔ]
archeoloog (de)	arkæolog (f)	[ˌɑːkɛo'loʔ]
archeologisch (bn)	arkæologisk	[ˌɑːkɛo'loʔisk]
opgravingsplaats (de)	udgravningssted (i)	['uðˌgʁɑwˈneŋsˌstɛð]
opgravingen (mv.)	udgravninger (f pl)	['uðˌgʁɑwˈneŋʌ]
vondst (de)	fund (i)	['fɔnʔ]
fragment (het)	fragment (i)	[fʁɑg'mɛnʔt]

116. Middeleeuwen

Nederlands	Deens	Uitspraak
volk (het)	folk (i)	['fʌl'k]
volkeren (mv.)	folk (i pl)	['fʌl'k]
stam (de)	stamme (f)	['stɑmə]
stammen (mv.)	stammer (f pl)	['stɑmʌ]
barbaren (mv.)	barbarer (pl)	[bɑ'bɑˀʌ]
Galliërs (mv.)	gallere (pl)	['gɑlɒˀʌ]
Goten (mv.)	gotere (pl)	['goˀtɒˀʌ]
Slaven (mv.)	slaver (pl)	['slæˀvʌ]
Vikings (mv.)	vikinger (pl)	['vikeŋʌ]
Romeinen (mv.)	romere (pl)	['ʁo:meˀʌ]
Romeins (bn)	romersk	['ʁoˀmʌsk]
Byzantijnen (mv.)	byzantinere (pl)	[bysan'tiˀneʌ]
Byzantium (het)	Byzans	[by'sans]
Byzantijns (bn)	byzantinsk	[bysan'tiˀnsk]
keizer (bijv. Romeinse ~)	kejser (f)	['kɑjsʌ]
opperhoofd (het)	høvding (f)	['hœwdeŋ]
machtig (bn)	mægtig, magtfuld	['mɛgti], ['mɑgt,fulˀ]
koning (de)	konge (f)	['kʌŋə]
heerser (de)	hersker (f)	['hæɐ̯skʌ]
ridder (de)	ridder (f)	['ʁiðˀʌ]
feodaal (de)	feudalherre (f)	[fœw'dæl,hæˀʌ]
feodaal (bn)	feudal	[fœw'dæˀl]
vazal (de)	vasal (f)	[va'salˀ]
hertog (de)	hertug (f)	['hæɐ̯tu]
graaf (de)	greve (f)	['gʁɛ:və]
baron (de)	baron (f)	[bɑ'ʁoˀn]
bisschop (de)	biskop (f)	['biskʌp]
harnas (het)	rustning (f)	['ʁɔstneŋ]
schild (het)	skjold (i, f)	['skjʌlˀ]
zwaard (het)	sværd (i)	['svɛˀɐ̯]
vizier (het)	visir (i)	[vi'siɐ̯ˀ]
maliënkolder (de)	ringbrynje (f)	['ʁɛŋ,bʁynjə]
kruistocht (de)	korstog (i)	['kɒ:s,tɔˀw]
kruisvaarder (de)	korsfarer (f)	['kɒ:s,fɑ:ɑ]
gebied (bijv. bezette ~en)	territorium (i)	[tæɐ̯i'tɒɐ̯ˀjɔm]
aanvallen (binnenvallen)	at angribe	[ʌ 'an,gʁiˀbə]
veroveren (ww)	at erobre	[ʌ e'ʁoˀbʁʌ]
innemen (binnenvallen)	at okkupere	[ʌ oku'peˀʌ]
bezetting (de)	belejring (f)	[be'lɑjˀʁeŋ]
bezet (bn)	belejret	[be'lɑjˀʁʌð]
belegeren (ww)	at belejre	[ʌ be'lɑjˀʁʌ]
inquisitie (de)	inkvisition (f)	[enkvisi'ɕoˀn]
inquisiteur (de)	inkvisitor (f)	[enkvi'sitʌ]

foltering (de)	tortur (f)	[tɒ'tuɐ̽']
wreed (bn)	brutal	[bʁu'tæ̽'l]
ketter (de)	kætter (f)	['kɛtʌ]
ketterij (de)	kætteri (i)	[kɛtʌ'ʁi̽']
zeevaart (de)	søfart (f)	['sø̯ˌfaˀt]
piraat (de)	pirat, sørøver (f)	[pi'ʁɑˀt], ['sø̯ˌʁœːvʌ]
piraterij (de)	sørøveri (i)	['sø̯ ʁœwʌ'ʁi̽']
enteren (het)	entring (f)	['ɑŋtʁɛŋ]
buit (de)	bytte (i), fangst (f)	['bytə], ['faŋˀst]
schatten (mv.)	skatte (f pl)	['skɑtə]
ontdekking (de)	opdagelse (f)	['ʌpˌdæˀjəlsə]
ontdekken (bijv. nieuw land)	at opdage	[ʌ 'ʌpˌdæˀjə]
expeditie (de)	ekspedition (f)	[ɛkspediˈɕoˀn]
musketier (de)	musketer (f)	[muskəˈteˀɐ̯]
kardinaal (de)	kardinal (f)	[kɑdi'næˀl]
heraldiek (de)	heraldik (f)	[heɑl'dik]
heraldisch (bn)	heraldisk	[heˈʁɑldisk]

117. Leider. Baas. Autoriteiten

koning (de)	konge (f)	['kʌŋə]
koningin (de)	dronning (f)	['dʁʌnəŋ]
koninklijk (bn)	kongelig	['kʌŋəli]
koninkrijk (het)	kongerige (i)	['kʌŋəˌʁiːə]
prins (de)	prins (f)	['pʁɛnˀs]
prinses (de)	prinsesse (f)	[pʁɛn'sɛsə]
president (de)	præsident (f)	[pʁɛsi'dɛnˀt]
vicepresident (de)	vicepræsident (f)	['viːsə pʁɛsi'dɛnˀt]
senator (de)	senator (f)	[se'næːtʌ]
monarch (de)	monark (f)	[moˈnɑːk]
heerser (de)	hersker (f)	['hæɐ̯skʌ]
dictator (de)	diktator (f)	[dik'tæːtʌ]
tiran (de)	tyran (f)	[ty'ʁɑnˀ]
magnaat (de)	magnat (f)	[mɑw'næˀt]
directeur (de)	direktør (f)	[diʁɐk'tøˀɐ̯]
chef (de)	chef (f)	['ɕɛˀf]
beheerder (de)	forretningsfører (f)	[fʌˈʁɑtnɛŋsˌføːʌ]
baas (de)	boss (f)	['bʌs]
eigenaar (de)	ejer (f)	['ɑjʌ]
leider (de)	leder (f)	['leːðʌ]
hoofd (bijv. ~ van de delegatie)	leder (f)	['leːðʌ]
autoriteiten (mv.)	myndigheder (f pl)	['møndiˌheðˀʌ]
superieuren (mv.)	overordnede (pl)	['ɒwʌˌɒˀdnəðə]
gouverneur (de)	guvernør (f)	[guvʌ'nøˀɐ̯]
consul (de)	konsul (f)	['kʌnˌsuˀl]

diplomaat (de)	diplomat (f)	[diplo'mæˀt]
burgemeester (de)	borgmester (f)	[bɒw'mɛstʌ]
sheriff (de)	sherif (f)	[ɕe'ʁif]

keizer (bijv. Romeinse ~)	kejser (f)	['kajsʌ]
tsaar (de)	tsar (f)	['sɑˀ]
farao (de)	farao (f)	['fɑːʁɑo]
kan (de)	khan (f)	['kæˀn]

118. De wet overtreden. Criminelen. Deel 1

bandiet (de)	bandit (f)	[ban'dit]
misdaad (de)	forbrydelse (f)	[fʌ'bʁyðˀəlsə]
misdadiger (de)	forbryder (f)	[fʌ'bʁyðˀʌ]

dief (de)	tyv (f)	['tywˀ]
stelen (ww)	at stjæle	[ʌ 'stjɛːlə]
stelen, diefstal (de)	tyveri (i)	[tywʌ'ʁiˀ]

kidnappen (ww)	at kidnappe	[ʌ 'kid‚napə]
kidnapping (de)	kidnapning (f)	['kid‚napneŋ]
kidnapper (de)	kidnapper (f)	['kid‚napʌ]

| losgeld (het) | løsepenge (pl) | ['løːsə‚pɛŋə] |
| eisen losgeld (ww) | at kræve løsepenge | [ʌ 'kʁɛːvə 'løːsə‚pɛŋə] |

overvallen (ww)	at røve	[ʌ 'ʁœːvə]
overval (de)	røveri (i)	[ʁœwʌ'ʁiˀ]
overvaller (de)	røver (f)	['ʁœːvʌ]

afpersen (ww)	at afpresse	[ʌ 'aw‚pʁasə]
afperser (de)	afpresser (f)	['aw‚pʁasʌ]
afpersing (de)	afpresning (f)	['aw‚pʁasneŋ]

vermoorden (ww)	at myrde	[ʌ 'myɐ̯də]
moord (de)	mord (i)	['moˀɐ̯]
moordenaar (de)	morder (f)	['moɐ̯dʌ]

schot (het)	skud (i)	['skuð]
een schot lossen	at skyde	[ʌ 'skyːðə]
neerschieten (ww)	at skyde ned	[ʌ 'skyːðə 'neðˀ]
schieten (ww)	at skyde	[ʌ 'skyːðə]
schieten (het)	skydning (f)	['skyðneŋ]

ongeluk (gevecht, enz.)	hændelse (f)	['hɛnəlsə]
gevecht (het)	slagsmål (i)	['slaws‚mɔˀl]
Help!	Hjælp!	['jɛlˀp]
slachtoffer (het)	offer (i)	['ʌfʌ]

beschadigen (ww)	at skade	[ʌ 'skæːðə]
schade (de)	skade (f)	['skæːðə]
lijk (het)	lig (i)	['liˀ]
zwaar (~ misdrijf)	alvorlig	[al'vɒˀli]
aanvallen (ww)	at anfalde	[ʌ 'ɒwʌ‚falˀə]

slaan (iemand ~)	at slå	[ʌ 'slɔˀ]
in elkaar slaan (toetakelen)	at tæske, at prygle	[ʌ 'tɛskə], [ʌ 'pʁy:lə]
ontnemen (beroven)	at berøve	[ʌ be'ʁœˀvə]
steken (met een mes)	at stikke ihjel	[ʌ 'stekə i'jɛl]
verminken (ww)	at lemlæste	[ʌ 'lɛmˌlɛstə]
verwonden (ww)	at såre	[ʌ 'sɒ:ɒ]
chantage (de)	afpresning (f)	['awˌpʁasnen]
chanteren (ww)	at afpresse	[ʌ 'awˌpʁasə]
chanteur (de)	afpresser (f)	['awˌpʁasʌ]
afpersing (de)	afpresning (f)	['awˌpʁasnen]
afperser (de)	afpresser (f)	['awˌpʁasʌ]
gangster (de)	gangster (f)	['gæ:ŋstʌ]
maffia (de)	mafia (f)	['mafja]
kruimeldief (de)	lommetyv (f)	['lʌməˌtywˀ]
inbreker (de)	indbrudstyv (f)	['enbʁuðsˌtywˀ]
smokkelen (het)	smugleri (i)	[ˌsmu:lʌ'ʁiˀ]
smokkelaar (de)	smugler (f)	['smu:lʌ]
namaak (de)	forfalskning (f)	[fʌ'falˀsknen]
namaken (ww)	at forfalske	[ʌ fʌ'falˀskə]
namaak-, vals (bn)	falsk	['falˀsk]

119. De wet overtreden. Criminelen. Deel 2

verkrachting (de)	voldtægt (f)	['vʌlˌtɛgt]
verkrachten (ww)	at voldtage	[ʌ 'vʌlˌtæˀ]
verkrachter (de)	voldtægtsforbryder (f)	['vʌlˌtɛgts fʌ'bʁyðˀʌ]
maniak (de)	maniker (f)	['manikʌ]
prostituee (de)	prostitueret (f)	[pʁostitu'eˀʌð]
prostitutie (de)	prostitution (f)	[pʁostitu'ɕoˀn]
pooier (de)	alfons (f)	[al'fʌns]
drugsverslaafde (de)	narkoman (f)	[nako'mæˀn]
drugshandelaar (de)	narkohandler (f)	['na:koˌhanlʌ]
opblazen (ww)	at sprænge	[ʌ 'spʁaŋə]
explosie (de)	eksplosion (f)	[ɛksplo'ɕoˀn]
in brand steken (ww)	at sætte ild	[ʌ 'sɛtə ilˀ]
brandstichter (de)	brandstifter (f)	['bʁanˌsteftʌ]
terrorisme (het)	terrorisme (f)	[tæʁɒ'ʁismə]
terrorist (de)	terrorist (f)	[tæʁɒ'ʁist]
gijzelaar (de)	gidsel (i)	['gisəl]
bedriegen (ww)	at bedrage	[ʌ be'dʁaˀwə]
bedrog (het)	bedrag (i)	[be'dʁaˀw]
oplichter (de)	bedrager (f)	[be'dʁaˀwʌ]
omkopen (ww)	at bestikke	[ʌ be'stekə]
omkoperij (de)	bestikkelse (f)	[be'stekəlsə]

smeergeld (het)	bestikkelse (f)	[beˈstekəlsə]
vergif (het)	gift (f)	[ˈgift]
vergiftigen (ww)	at forgifte	[ʌ fʌˈgiftə]
vergif innemen (ww)	at forgifte sig selv	[ʌ fʌˈgiftə sɑj ˈsɛlˀv]
zelfmoord (de)	selvmord (i)	[ˈsɛlˌmoˀɐ̯]
zelfmoordenaar (de)	selvmorder (f)	[ˈsɛlˌmoɐ̯dʌ]
bedreigen (bijv. met een pistool)	at true	[ʌ ˈtʁuːə]
bedreiging (de)	trussel (f)	[ˈtʁusəl]
een aanslag plegen	at begå mordforsøg	[ʌ beˈgɔˀ ˈmoɐ̯fʌˌsøˀj]
aanslag (de)	mordforsøg (i)	[ˈmoɐ̯fʌˌsøˀj]
stelen (een auto)	at stjæle	[ʌ ˈstjɛːlə]
kapen (een vliegtuig)	at kapre	[ʌ ˈkæːpʁʌ]
wraak (de)	hævn (f)	[ˈhɛwˀn]
wreken (ww)	at hævne	[ʌ ˈhɛwnə]
martelen (gevangenen)	at torturere	[ʌ tɒtuˈʁɛˀʌ]
foltering (de)	tortur (f)	[tɒˈtuɐ̯ˀ]
folteren (ww)	at plage	[ʌ ˈplæːjə]
piraat (de)	pirat, sørøver (f)	[piˈʁɑˀt], [ˈsøˌʁœːvʌ]
straatschender (de)	bølle (f)	[ˈbølə]
gewapend (bn)	bevæbnet	[beˈvɛˀbnəð]
geweld (het)	vold (f)	[ˈvʌlˀ]
onwettig (strafbaar)	illegal, ulovlig	[ˈiləˌgæˀl], [uˈlɒwˀli]
spionage (de)	spionage (f)	[spioˈnæːɕə]
spioneren (ww)	at spionere	[ʌ spioˈneˀʌ]

120. Politie. Wet. Deel 1

gerecht (het)	justits, retspleje (f)	[juˈstits], [ˈʁadsˌplɑjə]
gerechtshof (het)	retssal (f)	[ˈʁatˌsæˀl]
rechter (de)	dommer (f)	[ˈdʌmʌ]
jury (de)	nævninger (pl)	[ˈnɛwneŋʌ]
juryrechtspraak (de)	nævningeting (i)	[ˈnɛwneŋətenˀ]
berechten (ww)	at dømme	[ʌ ˈdœmə]
advocaat (de)	advokat (f)	[aðvoˈkæˀt]
beklaagde (de)	anklagede (f)	[ˈanˌklæˀjəðə]
beklaagdenbank (de)	anklagebænk (f)	[ˈanˌklæjəˌbɛŋˀk]
beschuldiging (de)	anklage (f)	[ˈanˌklæˀjə]
beschuldigde (de)	den anklagede	[dən ˈanˌklæˀjədə]
vonnis (het)	dom (f)	[ˈdʌmˀ]
veroordelen (in een rechtszaak)	at dømme	[ʌ ˈdœmə]
schuldige (de)	skyldige (f)	[ˈskyldiə]

straffen (ww)	at straffe	[ʌ 'stʁɑfə]
bestraffing (de)	straf (f), afstraffelse (f)	['stʁɑf], ['ɑwˌstʁɑfəlsə]
boete (de)	bøde (f)	['bø:ðə]
levenslange opsluiting (de)	livsvarigt fængsel (i)	['liwsˌvɑˀigt 'fɛŋˀsəl]
doodstraf (de)	dødsstraf (f)	['døðsˌstʁɑf]
elektrische stoel (de)	elektrisk stol (f)	[e'lɛktʁisk 'stoˀl]
schavot (het)	galge (f)	['gɑljə]
executeren (ww)	at henrette	[ʌ 'hɛnˌʁɑtə]
executie (de)	henrettelse (f)	['hɛnˌʁɑtəlsə]
gevangenis (de)	fængsel (i)	['fɛŋˀsəl]
cel (de)	celle (f)	['sɛlə]
konvooi (het)	eskorte (f), konvoj (f)	[ɛs'kɔ:tə], [kʌn'vʌjˀ]
gevangenisbewaker (de)	fangevogter (f)	['fɑŋəˌvʌgtʌ]
gedetineerde (de)	fange (f)	['fɑŋə]
handboeien (mv.)	håndjern (i pl)	['hʌnˌjæɐ̯ˀn]
handboeien omdoen	at sætte håndjern	[ʌ 'sɛtə 'hʌnˌjæɐ̯ˀn]
ontsnapping (de)	flugt (f)	['flɔgt]
ontsnappen (ww)	at flygte	[ʌ 'fløgtə]
verdwijnen (ww)	at forsvinde	[ʌ fʌ'svenˀə]
vrijlaten (uit de gevangenis)	at løslade	[ʌ 'løsˌlæ:ðə]
amnestie (de)	amnesti (i, f)	[ɑmnə'stiˀ]
politie (de)	politi (i)	[poli'tiˀ]
politieagent (de)	politibetjent (f)	[poli'ti be'tjɛnˀt]
politiebureau (het)	politistation (f)	[poli'ti sta'ɕoˀn]
knuppel (de)	gummiknippel (f)	['gomiˌknepəl]
megafoon (de)	megafon (f)	[mega'foˀn]
patrouillewagen (de)	patruljebil (f)	[pa'tʁuljəˌbiˀl]
sirene (de)	sirene (f)	[si'ʁɛ:nə]
de sirene aansteken	at tænde for sirenen	[ʌ 'tɛnə fʌ si'ʁɛ:nən]
geloei (het) van de sirene	sirene hyl (i)	[si'ʁɛ:nə 'hyˀl]
plaats delict (de)	åsted, gerningssted (i)	['ɔˀˌstɛð], ['gæɐ̯neŋsˌstɛð]
getuige (de)	vidne (f)	['viðnə]
vrijheid (de)	frihed (f)	['fʁiˌheðˀ]
handlanger (de)	medskyldig (f)	['mɛðˌskyldi]
ontvluchten (ww)	at flygte	[ʌ 'fløgtə]
spoor (het)	spor (i)	['spoˀɐ̯]

121. Politie. Wet. Deel 2

opsporing (de)	eftersøgning (f)	['ɛftʌˌsøjnəŋ]
opsporen (ww)	at eftersøge ...	[ʌ 'ɛftʌˌsøˀjə ...]
verdenking (de)	mistanke (f)	['misˌtɑŋkə]
verdacht (bn)	mistænkelig	[mis'tɛŋˀkəli]
aanhouden (stoppen)	at standse	[ʌ 'stɑnsə]
tegenhouden (ww)	at anholde	[ʌ 'ɑnˌhʌlˀə]

strafzaak (de)	sag (f)	['sæˀj]
onderzoek (het)	efterforskning (f)	['ɛftʌˌfɔːsknen]
detective (de)	detektiv, opdager (f)	[detek'tiwˀ], ['ʌpˌdæˀjʌ]
onderzoeksrechter (de)	efterforsker (f)	['ɛftʌˌfɔːskʌ]
versie (de)	version (f)	[væɐ̯'ɕoˀn]

motief (het)	motiv (i)	[mo'tiwˀ]
verhoor (het)	forhør (i)	[fʌ'høˀɐ̯]
ondervragen (door de politie)	at forhøre	[ʌ fʌ'høˀʌ]
ondervragen (omstanders ~)	at afhøre	[ʌ 'awˌhøˀʌ]
controle (de)	kontrol (f)	[kɔn'tʁʌlˀ]

razzia (de)	razzia (f)	['ʁadɕa]
huiszoeking (de)	ransagning (f)	['ʁanˌsæjˀnen]
achtervolging (de)	jagt (f)	['jagt]
achtervolgen (ww)	at forfølge	[ʌ fʌ'følˀjə]
opsporen (ww)	at spore	[ʌ 'spoːʌ]

arrest (het)	arrestation (f)	[aasta'ɕoˀn]
arresteren (ww)	at arrestere	[ʌ aa'steˀʌ]
vangen, aanhouden (een dief, enz.)	at fange	[ʌ 'faŋə]
aanhouding (de)	pågribelse (f)	['pʌˌgʁiˀbəlsə]

document (het)	dokument (i)	[doku'mɛnˀt]
bewijs (het)	bevis (i)	[be'viˀs]
bewijzen (ww)	at bevise	[ʌ be'viˀsə]
voetspoor (het)	fodspor (i)	['foðˌspoˀɐ̯]
vingerafdrukken (mv.)	fingeraftryk (i pl)	['fenˀʌˌawtʁœk]
bewijs (het)	bevis (i)	[be'viˀs]

alibi (het)	alibi (i)	[ali'biˀ]
onschuldig (bn)	uskyldig	[u'skylˀdi]
onrecht (het)	uretfærdighed (f)	[uʁat'fæɐ̯ˀdiˌheðˀ]
onrechtvaardig (bn)	uretfærdig	[uʁat'fæɐ̯ˀdi]

| crimineel (bn) | kriminel | [kʁimi'nɛlˀ] |
| confisqueren (in beslag nemen) | at konfiskere | [ʌ kʌnfi'skeˀʌ] |

drug (de)	narkotikum (i)	[na'koˀtikɔm]
wapen (het)	våben (i)	['vɔˀbən]
ontwapenen (ww)	at afvæbne	[ʌ 'awˌvɛˀbnə]
bevelen (ww)	at befale	[ʌ be'fæˀlə]
verdwijnen (ww)	at forsvinde	[ʌ fʌ'svenˀə]

wet (de)	lov (f)	['lɒw]
wettelijk (bn)	lovlig	['lɒwli]
onwettelijk (bn)	ulovlig	[u'lɒwˀli]

| verantwoordelijkheid (de) | ansvar (i) | ['anˌsvaˀ] |
| verantwoordelijk (bn) | ansvarlig | [an'svaˀli] |

NATUUR

De Aarde. Deel 1

122. De kosmische ruimte

kosmos (de)	rummet, kosmos (i)	['ʁɔmet], ['kʌsmʌs]
kosmisch (bn)	rum-	['ʁɔm-]
kosmische ruimte (de)	ydre rum (i)	['yðʁʌ ʁɔmˀ]
wereld (de)	verden (f)	['væɐ̯dən]
heelal (het)	univers (i)	[uni'væɐ̯s]
sterrenstelsel (het)	galakse (f)	[ga'lɑksə]
ster (de)	stjerne (f)	['stjæɐ̯nə]
sterrenbeeld (het)	stjernebillede (i)	['stjæɐ̯nəˌbeləðə]
planeet (de)	planet (f)	[pla'neˀt]
satelliet (de)	satellit (f)	[satə'lit]
meteoriet (de)	meteorit (f)	[meteo'ʁit]
komeet (de)	komet (f)	[ko'meˀt]
asteroïde (de)	asteroide (f)	[astəʁo'iːðə]
baan (de)	bane (f)	['bæːnə]
draaien (om de zon, enz.)	at rotere	[ʌ ʁo'teˀʌ]
atmosfeer (de)	atmosfære (f)	[atmo'sfɛːʌ]
Zon (de)	Solen	['soːlən]
zonnestelsel (het)	solsystem (i)	['soːl sy'steˀm]
zonsverduistering (de)	solformørkelse (f)	['soːl fʌ'mœɐ̯kəlsə]
Aarde (de)	Jorden	['joˀɐ̯ən]
Maan (de)	Månen	['mɔːnən]
Mars (de)	Mars	['mɑˀs]
Venus (de)	Venus	['veːnus]
Jupiter (de)	Jupiter	['jupitʌ]
Saturnus (de)	Saturn	['sæˌtuɐ̯n]
Mercurius (de)	Merkur	[mæɐ̯'kuɐ̯ˀ]
Uranus (de)	Uranus	[u'ʁɑnus]
Neptunus (de)	Neptun	[nɛp'tuˀn]
Pluto (de)	Pluto	['pluto]
Melkweg (de)	Mælkevejen	['mɛlkəˌvɑjən]
Grote Beer (de)	Store Bjørn	['stoɐ̯ ˌbjœɐ̯ˀn]
Poolster (de)	Polarstjernen	[poˈlɑˌstjæɐ̯nən]
marsmannetje (het)	marsboer (f)	['mɑˀsˌboˀʌ]
buitenaards wezen (het)	ikkejordisk væsen (i)	[ˌekə'joɐ̯disk ˌvɛˀsən]

| bovenaards (het) | rumvæsen (i) | ['ʁɔmˌvɛˀsən] |
| vliegende schotel (de) | flyvende tallerken (f) | ['fly:vənə ta'læɡkən] |

ruimtevaartuig (het)	rumskib (i)	['ʁɔmˌskiˀb]
ruimtestation (het)	rumstation (f)	['ʁɔm staˈɕoˀn]
start (de)	start (f)	['stɑˀt]

motor (de)	motor (f)	['moːtʌ]
straalpijp (de)	dyse (f)	['dysə]
brandstof (de)	brændsel (i)	['bʁanˀsəl]

cabine (de)	cockpit (i)	['kʌkˌpit]
antenne (de)	antenne (f)	[anˈtɛnə]
patrijspoort (de)	køje (i)	['koˌʌjə]
zonnebatterij (de)	solbatteri (i)	['soːlbatʌ'ʁiˀ]
ruimtepak (het)	rumdragt (f)	['ʁɔmˌdʁɑgt]

| gewichtloosheid (de) | vægtløshed (f) | ['vɛgtløːsˌheð'] |
| zuurstof (de) | ilt (f), oxygen (i) | ['ilˀt], [ʌgsy'geˀn] |

| koppeling (de) | dokning (f) | ['dʌknen] |
| koppeling maken | at dokke | [ʌ 'dʌkə] |

observatorium (het)	observatorium (i)	[ʌbsæɡva'toɡˀjɔm]
telescoop (de)	teleskop (i)	[teləˈskoˀp]
waarnemen (ww)	at observere	[ʌ ʌbsæɡˈveˀʌ]
exploreren (ww)	at udforske	[ʌ 'uðˌfɔːskə]

123. De Aarde

Aarde (de)	Jorden	['joˀɡən]
aardbol (de)	jordklode (f)	['joɡˌkloːðə]
planeet (de)	planet (f)	[pla'neˀt]

atmosfeer (de)	atmosfære (f)	[atmo'sfɛːʌ]
aardrijkskunde (de)	geografi (f)	[geoɡʁa'fiˀ]
natuur (de)	natur (f)	[na'tuɡˀ]

wereldbol (de)	globus (f)	['gloːbus]
kaart (de)	kort (i)	['kɒːt]
atlas (de)	atlas (i)	['atlas]

| Europa (het) | Europa | [œw'ʁoːpa] |
| Azië (het) | Asien | ['æˀɕən] |

| Afrika (het) | Afrika | ['ɑfʁika] |
| Australië (het) | Australien | [aw'stʁɑˀljən] |

Amerika (het)	Amerika	[ɑ'meʁika]
Noord-Amerika (het)	Nordamerika	['noɡ ɑ'meʁika]
Zuid-Amerika (het)	Sydamerika	['syð ɑ'meʁika]

| Antarctica (het) | Antarktis | [an'tɑˀktis] |
| Arctis (de) | Arktis | ['ɑˀktis] |

124. Windrichtingen

noorden (het)	nord (i)	['noʔɐ̯]
naar het noorden	mod nord	[moð 'noʔɐ̯]
in het noorden	i nord	[i 'noʔɐ̯]
noordelijk (bn)	nordlig	['noɐ̯li]
zuiden (het)	syd (f)	['syð]
naar het zuiden	mod syd	[moð 'syð]
in het zuiden	i syd	[i 'syð]
zuidelijk (bn)	syd ig	['syðli]
westen (het)	vest (f)	['vɛst]
naar het westen	mod vest	[moð 'vɛst]
in het westen	i vest	[i 'vɛst]
westelijk (bn)	vestlig	['vɛstli]
oosten (het)	øst (f)	['øst]
naar het oosten	mod øst	[moð 'øst]
in het oosten	i øst	[i 'øst]
oostelijk (bn)	østlig	['østli]

125. Zee. Oceaan

zee (de)	hav (i)	['haw]
oceaan (de)	ocean (i)	[ose'æʔn]
golf (baai)	bugt (f)	['bɔgt]
straat (de)	stræde (i), sund (i)	['stʁɛːðə], ['sɔnʔ]
grond (vaste grond)	land (i)	['lanʔ]
continent (het)	fastland, kontinent (i)	['fast,lanʔ], [kʌnti'nɛnʔt]
eiland (het)	ø (f)	['øʔ]
schiereiland (het)	halvø (f)	['hal,øʔ]
archipel (de)	øhav, arkipelag (i)	['ø,haw], [akipe'læʔj]
baai, bocht (de)	bugt (f)	['bɔgt]
haven (de)	havn (f)	['hawʔn]
lagune (de)	lagune (f)	[la'guːnə]
kaap (de)	kap (i)	['kap]
atol (de)	atol (f)	[a'tʌlʔ]
rif (het)	rev (i)	['ʁɛw]
koraal (het)	koral (f)	[ko'ʁalʔ]
koraalrif (het)	koralrev (i)	[ko'ʁal,ʁɛw]
diep (bn)	dyb	['dyʔb]
diepte (de)	dybde (f)	['dybdə]
diepzee (de)	afgrund (f), dyb (i)	['aw,gʁɔnʔ], ['dyʔb]
trog (bijv. Marianentrog)	oceangrav (f)	[ose,æn 'gʁɑʔw]
stroming (de)	strøm (f)	['stʁœmʔ]
omspoelen (ww)	at omgive	[ʌ 'ʌm,giʔ]
oever (de)	kyst (f)	['køst]

kust (de)	kyst (f)	['køst]
vloed (de)	flod (f)	['floˀð]
eb (de)	ebbe (i)	['ɛbə]
ondiepte (ondiep water)	sandbanke (f)	['sanˌbaŋkə]
bodem (de)	bund (f)	['bɔnˀ]
golf (hoge ~)	bølge (f)	['bøljə]
golfkam (de)	bølgekam (f)	['bøljəˌkamˀ]
schuim (het)	skum (i)	['skɔmˀ]
storm (de)	storm (f)	['stɒˀm]
orkaan (de)	orkan (f)	[ɒ'kæˀn]
tsunami (de)	tsunami (f)	[tsu'nɑːmi]
windstilte (de)	stille (i)	['stelə]
kalm (bijv. ~e zee)	stille	['stelə]
pool (de)	pol (f)	['poˀl]
polair (bn)	polar-	[po'lɑ-]
breedtegraad (de)	bredde (f)	['bʁɛˀdə]
lengtegraad (de)	længde (f)	['lɛŋˀdə]
parallel (de)	breddegrad (f)	['bʁɛˀdəˌgʁɑˀð]
evenaar (de)	ækvator (f)	[ɛ'kvæːtʌ]
hemel (de)	himmel (f)	['heməl]
horizon (de)	horisont (f)	[hɒi'sʌnˀt]
lucht (de)	luft (f)	['lɔft]
vuurtoren (de)	fyr (i)	['fyɐ̯ˀ]
duiken (ww)	at dykke	[ʌ 'døkə]
zinken (ov. een boot)	at synke	[ʌ 'søŋkə]
schatten (mv.)	skatte (f pl)	['skatə]

126. Namen van zeeën en oceanen

Atlantische Oceaan (de)	Atlanterhavet	[at'lanˀtʌˌhæˀvəð]
Indische Oceaan (de)	Det Indiske Ocean	[de 'enˀdiskə osə'æˀn]
Stille Oceaan (de)	Stillehavet	['steləˌhæˀvəð]
Noordelijke IJszee (de)	Polarhavet	[po'lɑˌhæˀvəð]
Zwarte Zee (de)	Sortehavet	['soɐ̯təˌhæˀvəð]
Rode Zee (de)	Rødehavet	['ʁœːðəˌhæˀvəð]
Gele Zee (de)	Det Gule hav	[de 'gulə 'haw]
Witte Zee (de)	Hvidehavet	['viːðəˌhæˀvəð]
Kaspische Zee (de)	Det Kaspiske Hav	[de 'kaspiˌskə 'haw]
Dode Zee (de)	Dødehavet	['døːðəˌhæˀvəð]
Middellandse Zee (de)	Middelhavet	['miðəlˌhæˀvəð]
Egeïsche Zee (de)	Ægæerhavet	[ɛ'gɛˀɛʌ 'hæˀvəð]
Adriatische Zee (de)	Adriaterhavet	[æˀdʁi'æˀtʌ 'hæˀvəð]
Arabische Zee (de)	Arabiahavet	[ɑ'ʁɑˀbia 'hæˀvəð]
Japanse Zee (de)	Det Japanske Hav	[de ja'pæˀnskə 'haw]

Beringzee (de)	Beringhavet	['beːʁɛnsˌhæˀveð]
Zuid-Chinese Zee (de)	Det Sydkinesiske Hav	[de 'syðkiˌneːsiskə 'haw]
Koraalzee (de)	Koralhavet	[ko'ʁalˌhæˀveð]
Tasmanzee (de)	Det Tasmanske hav	[de tas'manskə 'haw]
Caribische Zee (de)	Det Caribiske Hav	[de ka'ʁibiskə ˌhaw]
Barentszzee (de)	Barentshavet	['baːæntsˌhæˀveð]
Karische Zee (de)	Karahavet	['kaaˌhæˀveð]
Noordzee (de)	Nordsøen	['noɐ̯ˌsøˀən]
Baltische Zee (de)	Østersøen	['østʌˌsøˀən]
Noorse Zee (de)	Norskehavet	['noːskəˌhæˀveð]

127. Bergen

berg (de)	bjerg (i)	['bjæɐ̯ˀw]
bergketen (de)	bjergkæde (f)	['bjæɐ̯wˌkɛːðə]
gebergte (het)	bjergryg (f)	['bjæɐ̯wˌʁœg]
bergtop (de)	top (f), bjergtop (f)	['tʌp], ['bjæɐ̯wˌtʌp]
bergpiek (de)	tinde (f)	['tenə]
voet (ov. de berg)	fod (f)	['foˀð]
helling (de)	skråning (f)	['skʁɔˀnen]
vulkaan (de)	vulkan (f)	[vul'kæˀn]
actieve vulkaan (de)	aktiv vulkan (f)	['akˌtiwˀ vul'kæˀn]
uitgedoofde vulkaan (de)	udsukt vulkan (f)	['uðˌslɔkt vul'kæˀn]
uitbarsting (de)	udbrud (i)	['uðˌbʁuð]
krater (de)	krater (i)	['kʁaˀtʌ]
magma (het)	magma (i, f)	['mawma]
lava (de)	lava (f)	['læːva]
gloeiend (~e lava)	gløcende	['gløːðənə]
kloof (canyon)	canyon (f)	['kanjʌn]
bergkloof (de)	kløft (f)	['kløft]
spleet (de)	revne (f)	['ʁawnə]
afgrond (de)	afgrund (f)	['awˌgʁɔnˀ]
bergpas (de)	pas (i)	['pas]
plateau (het)	plateau (i)	[pla'toˀ]
klip (de)	klippe (f)	['klepə]
heuvel (de)	bakke (f)	['bakə]
gletsjer (de)	gletsjer (f)	['glɛtɕʌ]
waterval (de)	vandfald (i)	['vanˌfalˀ]
geiser (de)	gejser (f)	['gajˀsʌ]
meer (het)	sø (f)	['søˀ]
vlakte (de)	slette (f)	['slɛtə]
landschap (het)	landskab (i)	['lanˌskæˀb]
echo (de)	ekko (i)	['ɛko]
alpinist (de)	alpinist (f)	[alpi'nist]

bergbeklimmer (de)	bjergbestiger (f)	['bjæɐ̯wbe'sti'ə]
trotseren (berg ~)	at erobre	[ʌ e'ʁo'bʁʌ]
beklimming (de)	bestigning (f)	[be'sti'nen]

128. Bergen namen

Alpen (de)	Alperne	['alpɒnə]
Mont Blanc (de)	Mont Blanc	[ˌmɒn'blʌn]
Pyreneeën (de)	Pyrenæerne	[pyɐ̯'nɛːɐ̯nə]

Karpaten (de)	Karpaterne	[kɑːˈpætɒnə]
Oeralgebergte (het)	Uralbjergene	[uːˈʁæ'l 'bjæɐ̯'wənə]
Kaukasus (de)	Kaukasus	['kaukasus]
Elbroes (de)	Elbrus	[ɛl'bʁuːs]

Altaj (de)	Altaj	[al'tɑj]
Tiensjan (de)	Tien-Shan	[tiˈenˌɕæn]
Pamir (de)	Pamir	[pæˈmiɐ̯']
Himalaya (de)	Himalaya	[himaˈlɑja]
Everest (de)	Everest	[ˈɛːvʁɛst]

| Andes (de) | Andesbjergene | ['anəs 'bjæɐ̯'wənə] |
| Kilimanjaro (de) | Kilimanjaro | [kilimanˈdʒaʁoː] |

129. Rivieren

rivier (de)	flod (f)	['flo'ð]
bron (~ van een rivier)	kilde (f)	['kilə]
rivierbedding (de)	flodseng (f)	[ˈfloðˌsɛŋ']
rivierbekken (het)	flodbassin (i)	['floð ba'sɛn]
uitmonden in ...	at munde ud ...	[ʌ 'mɔnə uðˀ ...]

| zijrivier (de) | biflod (f) | ['biˌflo'ð] |
| oever (de) | bred (f) | ['bʁɛðˀ] |

stroming (de)	strøm (f)	['stʁœmˀ]
stroomafwaarts (bw)	nedstrøms	[ˈneðˌstʁœmˀs]
stroomopwaarts (bw)	opstrøms	[ˈʌpˌstʁœmˀs]

overstroming (de)	oversvømmelse (f)	[ˈɒwʌˌsvœmˀəlsə]
overstroming (de)	flom (f)	['flʌmˀ]
buiten zijn oevers treden	at flyde over	[ʌ 'flyːðə 'ɒwˀʌ]
overstromen (ww)	at oversvømme	[ʌ ˈɒwʌˌsvœmˀə]

| zandbank (de) | grund (f) | ['gʁɔnˀ] |
| stroomversnelling (de) | strømfald (i) | [ˈstʁœmˌfalˀ] |

dam (de)	dæmning (f)	['dɛmnen]
kanaal (het)	kanal (f)	[ka'næ'l]
spaarbekken (het)	reservoir (i)	[ʁɛsæɐ̯vo'ɑː]
sluis (de)	sluse (f)	['sluːsə]
waterlichaam (het)	vandområde (i)	['van 'ʌmˌʁɔːðə]

moeras (het)	sump, mose (f)	['sɔmˀp], ['mo:sə]
broek (het)	hængesæk (f)	['hɛŋəˌsɛk]
draaikolk (de)	strømhvirvel (f)	['stʁœmˌviʁˀwəl]
stroom (de)	bæk (f)	['bɛk]
drink- (abn)	drikke-	['dʁɛkə-]
zoet (~ water)	ferske	['fæɐ̯skə]
IJs (het)	is (f)	['iˀs]
bevriezen (rivier, enz.)	at fryse til	[ʌ 'fʁy:sə tel]

130. Namen van rivieren

Seine (de)	Seinen	['sɛ:nən]
Loire (de)	Loire	[lu'ɒ:ʁ]
Theems (de)	Themsen	['tɛmsən]
Rijn (de)	Rhinen	['ʁi:nən]
Donau (de)	Donau	[dɔ'nau]
Wolga (de)	Volga	['vɔlga]
Don (de)	Don	['dɔn]
Lena (de)	Lena	['le:na]
Gele Rivier (de)	Huang He	[huˌang'he:]
Blauwe Rivier (de)	Yangtze	['jɑŋtsə]
Mekong (de)	Mekong	[me'kɔŋ]
Ganges (de)	Ganges	['gɑ:nəs]
Nijl (de)	Nilen	['ni:lən]
Kongo (de)	Congo	['kʌngo]
Okavango (de)	Okavango	[ɔka'vɑngo]
Zambezi (de)	Zambezi	[sɑm'bɛsi]
Limpopo (de)	Limpopo	[li:mpopo]
Mississippi (de)	Mississippi	['misisi:pi]

131. Bos

bos (het)	skov (f)	['skɒwˀ]
bos- (abn)	skov-	['skɒw-]
oerwoud (dicht bos)	tæt skov (f)	['tɛt ˌskɒwˀ]
bosje (klein bos)	lund (f)	['lɔnˀ]
open plek (de)	lysning (f)	['lysnəŋ]
struikgewas (het)	tæt krat (i)	['tɛt 'kʁɑt]
struiken (mv.)	buskads (i)	[bu'skæˀs]
paadje (het)	sti (f)	['stiˀ]
ravijn (het)	ravine (f)	[ʁɑ'vi:nə]
boom (de)	træ (i)	['tʁɛˀ]
blad (het)	blad (i)	['blað]

gebladerte (het)	løv (i)	['lø²w]
vallende bladeren (mv.)	løvfald (i)	['løw‚fal²]
vallen (ov. de bladeren)	at falde	[ʌ 'falə]
boomtop (de)	trætop (f)	['tʁɛ‚tʌp]
tak (de)	kvist (f)	['kvest]
ent (de)	gren (f)	['gʁɛ²n]
knop (de)	knop (f)	['knɔp]
naald (de)	nål (f)	['nɔ²l]
dennenappel (de)	kogle (f)	['kɒwlə]
boom holte (de)	træhul (i)	['tʁɛ‚hɔl]
nest (het)	rede (f)	['ʁɛːðə]
hol (het)	hule (f)	['huːlə]
stam (de)	stamme (f)	['stɑmə]
wortel (bijv. boom~s)	rod (f)	['ʁo²ð]
schors (de)	bark (f)	['bɑːk]
mos (het)	mos (i)	['mɔs]
ontwortelen (een boom)	at rykke op med rode	[ʌ 'ʁœkə ʌp mɛ 'ʁoːðə]
kappen (een boom ~)	at fælde	[ʌ 'fɛlə]
ontbossen (ww)	at hugge ned	[ʌ 'hɔgə 'neð²]
stronk (de)	træstub (f)	['tʁɛ‚stub]
kampvuur (het)	bål (i)	['bɔ²l]
bosbrand (de)	skovbrand (f)	['skɒw‚bʁan²]
blussen (ww)	at slukke	[ʌ 'slɔkə]
boswachter (de)	skovløber (f)	['skɒw‚løːbʌ]
bescherming (de)	værn (i), beskyttelse (f)	['væɐ̯²n], [be'skøtəlsə]
beschermen (bijv. de natuur ~)	at beskytte	[ʌ be'skøtə]
stroper (de)	krybskytte (f)	['kʁyb‚skøtə]
val (de)	saks (f), fælde (f)	['sɑks], ['fɛlə]
plukken (vruchten, enz.)	at plukke	[ʌ 'plɔkə]
verdwalen (de weg kwijt zijn)	at fare vild	[ʌ 'fɑːɑ 'vil²]

132. Natuurlijke hulpbronnen

natuurlijke rijkdommen (mv.)	naturressourcer (f pl)	[nɑ'tuɐ̯ ʁɛ'suɐ̯sʌ]
delfstoffen (mv.)	mineraler (i pl)	[minə'ʁɑ²lʌ]
lagen (mv.)	forekomster (f pl)	['foːɒ‚kʌm²stʌ]
veld (bijv. olie~)	felt (i)	['fɛl²t]
winnen (uit erts ~)	at udvinde	[ʌ 'uð‚ven²ə]
winning (de)	udvinding (f)	['uð‚venen]
erts (het)	malm (f)	['mal²m]
mijn (bijv. kolenmijn)	mine (f)	['miːnə]
mijnschacht (de)	mineskakt (f)	['minə‚skɑkt]
mijnwerker (de)	minearbejder (f)	['miːnə'ɑː‚bɑj²dʌ]
gas (het)	gas (f)	['gas]
gasleiding (de)	gasledning (f)	['gas‚leðnen]

olie (aardolie)	olie (f)	['oljə]
olieleiding (de)	olie edning (f)	['oljə̩leðneŋ]
oliebron (de)	olie brønd (f)	['oljə̩bʁœn̰]
boortoren (de)	boretårn (i)	['boːʌ̩tɒ̰n]
tanker (de)	tankskib (i)	['taŋk̩skḭb]

zand (het)	sand (i)	['san̰]
kalksteen (de)	kalksten (f)	['kalk̩stḛn]
grind (het)	grus (i)	['gʁuːs]
veen (het)	tørv (f)	['tœɐ̰w]
klei (de)	ler o	['lḛɐ]
steenkool (de)	kul (i)	['kɔl]

IJzer (het)	jern (i)	['jæɐ̰n]
goud (het)	guld (i)	['gul]
zilver (het)	sølv (i)	['søl]
nikkel (het)	nikkel (i)	['nekəl]
koper (het)	kobber (i)	['kɒwʌ]

zink (het)	zink (i, f)	['seŋ̰k]
mangaan (het)	mangan (i)	[mɑŋ'gæ̰n]
kwik (het)	kviksølv (i)	['kvik̩søl]
lood (het)	bly (i)	['bly̰]

mineraal (het)	mineral (i)	[minə'ʁɑ̰l]
kristal (het)	krystal (i, f)	[kʁy'stal̰]
marmer (het)	marmor (i)	['mɑ̰moɐ]
uraan (het)	uran (i, f)	[u'ʁɑ̰n]

De Aarde. Deel 2

133. Weer

weer (het)	vejr (i)	['vɛˀɐ̯]
weersvoorspelling (de)	vejrudsigt (f)	['vɛɐ̯ˌuðsegt]
temperatuur (de)	temperatur (f)	[tɛmpʁɑ'tuɐ̯ˀ]
thermometer (de)	termometer (i)	[tæɐ̯moˈmeˀtʌ]
barometer (de)	barometer (i)	[bɑoˈmeˀtʌ]
vochtig (bn)	fugtig	['fɔgti]
vochtigheid (de)	fugtighed (f)	['fɔgtiˌheðˀ]
hitte (de)	hede (f)	['heːðə]
heet (bn)	hed	['heðˀ]
het is heet	det er hedt	[de 'æɐ̯ 'heðˀ]
het is warm	det er varmt	[de 'æɐ̯ 'vɑˀmt]
warm (bn)	varm	['vɑˀm]
het is koud	det er koldt	[de 'æɐ̯ 'kʌlt]
koud (bn)	kold	['kʌlˀ]
zon (de)	sol (f)	['soˀl]
schijnen (de zon)	at skinne	[ʌ 'skenə]
zonnig (~e dag)	solrig	['soːlˌʁiˀ]
opgaan (ov. de zon)	at stå op	[ʌ stɔˀ 'ʌp]
ondergaan (ww)	at gå ned	[ʌ gɔˀ 'neðˀ]
wolk (de)	sky (f)	['skyˀ]
bewolkt (bn)	skyet	['skyːəð]
regenwolk (de)	regnsky (f)	['ʁajnˌskyˀ]
somber (bn)	mørk	['mœɐ̯k]
regen (de)	regn (f)	['ʁajˀn]
het regent	det regner	[de 'ʁajnʌ]
regenachtig (bn)	regnvejrs-	['ʁajnˌvɛɐ̯s-]
motregenen (ww)	at småregne	[ʌ 'smɒʁajnə]
plensbui (de)	øsende regn (f)	['øːsənə ˌʁajˀn]
stortbui (de)	styrtregn (f)	['styɐ̯tˌʁajˀn]
hard (bn)	kraftig, heftig	['kʁɑfti], ['hɛfti]
plas (de)	vandpyt (f)	['vanˌpyt]
nat worden (ww)	at blive våd	[ʌ 'bliːə 'vɔˀð]
mist (de)	tåge (f)	['tɔːwə]
mistig (bn)	tåget	['tɔːwəð]
sneeuw (de)	sne (f)	['sneˀ]
het sneeuwt	det sner	[de 'sneˀʌ]

134. Zwaar weer. Natuurrampen

noodweer (storm)	tordenvejr (i)	['toɐ̯dən,vɛˀɐ̯]
bliksem (de)	lyn (i)	['lyˀn]
flitsen (ww)	at glimte	[ʌ 'glemtə]

donder (de)	torden (f)	['toɐ̯dən]
donderen (ww)	at tordne	[ʌ 'toɐ̯dnə]
het dondert	det tordner	[de 'toɐ̯dnʌ]

hagel (de)	hagl (i)	['hɑwˀl]
het hagelt	det hagler	[de 'hɑwlɐ̯]

overstromen (ww)	at oversvømme	[ʌ 'ɒwʌˌsvœmˀə]
overstroming (de)	oversvømmelse (f)	['ɒwʌˌsvœmˀəlsə]

aardbeving (de)	jordskælv (i)	['joɐ̯ˌskɛlˀv]
aardschok (de)	skælv (i)	['skɛlˀv]
epicentrum (het)	epicenter (i)	[epi'sɛnˀtʌ]

uitbarsting (de)	udbrud (i)	['uðˌbʁuð]
lava (de)	lava (f)	['læːva]

wervelwind (de)	skypumpe (f)	['skyˌpɔmpə]
windhoos (de)	torrado (f)	[tɒ'næːdo]
tyfoon (de)	tyfon (f)	[ty'foˀn]

orkaan (de)	orkan (f)	[ɒ'kæˀn]
storm (de)	storm (f)	['stɒˀm]
tsunami (de)	tsunami (f)	[tsu'nɑːmi]

cycloon (de)	cyklon (f)	[sy'kloˀn]
onweer (het)	uvejr (i)	['uˌvɛˀɐ̯]
brand (de)	brand (f)	['bʁanˀ]
ramp (de)	katastrofe (f)	[kata'stʁoːfə]
meteoriet (de)	meteorit (f)	[meteo'ʁit]

lawine (de)	lavine (f)	[la'viːnə]
sneeuwverschuiving (de)	sneskred (i)	['sneˌskʁɛð]
sneeuwjacht (de)	snefog (i)	['sneˌfɔwˀ]
sneeuwstorm (de)	snestorm (f)	['sneˌstɒˀm]

Fauna

135. Zoogdieren. Roofdieren

roofdier (het)	rovdyr (i)	['ʁɒwˌdyɐ̯ˀ]
tijger (de)	tiger (f)	['tiːʌ]
leeuw (de)	løve (f)	['løːvə]
wolf (de)	ulv (f)	['ulˀv]
vos (de)	ræv (f)	['ʁɛˀw]
jaguar (de)	jaguar (f)	[jaguˈɑˀ]
luipaard (de)	leopard (f)	[leoˈpɑˀd]
jachtluipaard (de)	gepard (f)	[geˈpɑˀd]
panter (de)	panter (f)	['panˀtʌ]
poema (de)	puma (f)	['puːma]
sneeuwluipaard (de)	sneleopard (f)	['sne leoˈpɑˀd]
lynx (de)	los (f)	['lʌs]
coyote (de)	coyote, prærieulv (f)	[koˈjoːtə], ['pʁɛɐ̯jəˌulˀv]
jakhals (de)	sjakal (f)	[ɕaˈkæˀl]
hyena (de)	hyæne (f)	[hyˈɛːnə]

136. Wilde dieren

dier (het)	dyr (i)	['dyɐ̯ˀ]
beest (het)	bæst (i), udyr (i)	['bɛˀst], ['uˌdyɐ̯ˀ]
eekhoorn (de)	egern (i)	['eˀjʌn]
egel (de)	pindsvin (i)	['penˌsviˀn]
haas (de)	hare (f)	['hɑːɑ]
konijn (het)	kanin (f)	[kaˈniˀn]
das (de)	grævling (f)	['gʁawleŋ]
wasbeer (de)	vaskebjørn (f)	['vaskəˌbjœɐ̯ˀn]
hamster (de)	hamster (f)	['hamˀstʌ]
marmot (de)	murmeldyr (i)	['muɐ̯ˀməlˌdyɐ̯ˀ]
mol (de)	muldvarp (f)	['mulˌvɑːp]
muis (de)	mus (f)	['muˀs]
rat (de)	rotte (f)	['ʁʌtə]
vleermuis (de)	flagermus (f)	['flɑwʌˌmuˀs]
hermelijn (de)	hermelin (f)	[hæɐ̯məˈliˀn]
sabeldier (het)	zobel (f)	['soˀbəl]
marter (de)	mår (f)	['mɒˀ]
wezel (de)	brud (f)	['bʁuð]
nerts (de)	mink (f)	['meŋˀk]

bever (de)	bæver (f)	['bɛˀvʌ]
otter (de)	odder (f)	['ʌðˀʌ]

paard (het)	hest (f)	['hɛst]
eland (de)	elg c	['ɛlˀj]
hert (het)	hjor (f)	['jɒːt]
kameel (de)	kamel (f)	[ka'meˀl]

bizon (de)	bison (f)	['bisʌn]
oeros (de)	urokse (f)	['uɡˌʌksə]
buffel (de)	bøffel (f)	['bøfəl]

zebra (de)	zebra (f)	['seːbʁɑ]
antilope (de)	antilope (f)	[anti'loːpə]
ree (de)	rådyr (i), rå (f)	['ʁʌˌdyɡˀ], ['ʁɔˀ]
damhert (het)	dådyr (i)	['dʌˌdyɡˀ]
gems (de)	gemse (f)	['ɡɛmsə]
everzwijn (het)	vildsvin (i)	['vilˌsviˀn]

walvis (de)	hval (f)	['væˀl]
rob (de)	sæl (f)	['sɛˀl]
walrus (de)	hvalros (f)	['valˌʁʌs]
zeehond (de)	pelssæl (f)	['pɛlsˌsɛˀl]
dolfijn (de)	delfin (f)	[dɛl'fiˀn]

beer (de)	bjørn (f)	['bjœɡˀn]
IJsbeer (de)	isbjørn (f)	['isˌbjœɡˀn]
panda (de)	panda (f)	['panda]

aap (de)	abe (f)	['æːbə]
chimpansee (de)	chimpanse (f)	[ɕim'pansə]
orang-oetan (de)	orangutang (f)	[oˈʁanɡuˌtɑŋˀ]
gorilla (de)	gorilla (f)	[ɡo'ʁila]
makaak (de)	makak (f)	[mæ'kɑk]
gibbon (de)	gibbon (f)	['ɡibʌn]

olifant (de)	elefant (f)	[elə'fanˀt]
neushoorn (de)	næsehorn (i)	['nɛːsəˌhoɡˀn]
giraffe (de)	giraf (f)	[ɡi'ʁɑf]
nijlpaard (het)	flodhest (f)	['floðˌhɛst]

kangoeroe (de)	kænguru (f)	[kɛŋɡuːʁu]
koala (de)	koala (f)	[ko'æːla]

mangoest (de)	mangust (f)	[mɑŋ'ɡust]
chinchilla (de)	chinchilla (f)	[tjen'tjila]
stinkdier (het)	skunk (f)	['skɔŋˀk]
stekelvarken (het)	hulepindsvin (i)	['huːlə 'penˌsviˀn]

137. Huisdieren

poes (de)	kat (f)	['kat]
kater (de)	hankat (f)	['hanˌkat]
hond (de)	hund (f)	['hunˀ]

paard (het)	hest (f)	['hɛst]
hengst (de)	hingst (f)	['heŋʔst]
merrie (de)	hoppe (f)	['hʌpə]

koe (de)	ko (f)	['koʔ]
stier (de)	tyr (f)	['tyɐ̯ʔ]
os (de)	okse (f)	['ʌksə]

schaap (het)	får (i)	['fɑ:]
ram (de)	vædder (f)	['vɛðʔʌ]
geit (de)	ged (f)	['geðʔ]
bok (de)	gedebuk (f)	['ge:ðə‚bɔk]

ezel (de)	æsel (i)	['ɛʔsəl]
muilezel (de)	muldyr (i)	['mul‚dyɐ̯ʔ]

varken (het)	svin (i)	['sviʔn]
biggetje (het)	gris (f)	['gʁiʔs]
konijn (het)	kanin (f)	[ka'niʔn]

kip (de)	høne (f)	['hœ:nə]
haan (de)	hane (f)	['hæ:nə]

eend (de)	and (f)	['anʔ]
woerd (de)	andrik (f)	['anʔdʁɛk]
gans (de)	gås (f)	['gɔʔs]

kalkoen haan (de)	kalkun hane (f)	[kal'kuʔn 'hæ:nə]
kalkoen (de)	kalkun (f)	[kal'kuʔn]

huisdieren (mv.)	husdyr (i pl)	['hus‚dyɐ̯ʔ]
tam (bijv. hamster)	tam	['tɑmʔ]
temmen (tam maken)	at tæmme	[ʌ 'tɛmə]
fokken (bijv. paarden ~)	at avle, at opdrætte	[ʌ 'awlə], [ʌ 'ʌp‚dʁatə]

boerderij (de)	farm (f)	['fɑ'm]
gevogelte (het)	fjerkræ (i)	['fjeɐ̯‚kʁɛʔ]
rundvee (het)	kvæg (i)	['kvɛʔj]
kudde (de)	hjord (f)	['jɔʔd]

paardenstal (de)	stald (f)	['stalʔ]
zwijnenstal (de)	svinesti (f)	['svinə‚stiʔ]
koeienstal (de)	kostald (f)	['ko‚stalʔ]
konijnenhok (het)	kaninbur (i)	[ka'nin‚buɐ̯ʔ]
kippenhok (het)	hønsehus (i)	['hœnsə‚huʔs]

138. Vogels

vogel (de)	fugl (f)	['fuʔl]
duif (de)	due (f)	['du:ə]
mus (de)	spurv (f)	['spuɐ̯ʔw]
koolmees (de)	musvit (f)	[mu'svit]
ekster (de)	skade (f)	['skæ:ðə]
raaf (de)	ravn (f)	['ʁawʔn]

kraai (de)	krage (f)	['kʁɑːwə]
kauw (de)	kaie (f)	['kajə]
roek (de)	råge (f)	['ʁɔːwə]

eend (de)	and (f)	['anˀ]
gans (de)	gås (f)	['gɔˀs]
fazant (de)	fasan (f)	[faˈsæˀn]

arend (de)	ørn (f)	['œɐ̯ˀn]
havik (de)	høg (f)	['høˀj]
valk (de)	falk (f)	['falˀk]
gier (de)	grib (f)	['gʁiːb]
condor (de)	kondor (f)	[kʌnˈdoˀɐ̯]

zwaan (de)	svane (f)	['svæːnə]
kraanvogel (de)	trane (f)	['tʁɑːnə]
ooievaar (de)	stork (f)	['stɒːk]

papegaai (de)	papegøje (f)	[papəˈgʌjə]
kolibrie (de)	kolibri (f)	[koliˈbʁiˀ]
pauw (de)	påfugl (f)	['pʌˌfuˀl]

struisvogel (de)	struds (f)	['stʁus]
reiger (de)	hejre (f)	['hajʁʌ]
flamingo (de)	flamingo (f)	[flaˈmeŋgo]
pelikaan (de)	pelikan (f)	[peliˈkæˀn]

| nachtegaal (de) | nattergal (f) | ['natʌˌgæˀl] |
| zwaluw (de) | svale (f) | ['svæːlə] |

lijster (de)	drossel, sjagger (f)	['dʁʌsəl], ['ɕagʌ]
zanglijster (de)	sangdrossel (f)	['sɑŋˌdʁʌsəl]
merel (de)	solsort (f)	['soːlˌsoɐ̯t]

gierzwaluw (de)	mursejler (f)	['muɐ̯ˌsajlʌ]
leeuwerik (de)	lærke (f)	['læɐ̯kə]
kwartel (de)	vagtel (f)	['vɑgtəl]

specht (de)	spætte (f)	['spɛtə]
koekoek (de)	gøg (f)	['gøˀj]
uil (de)	ugle (f)	['uːlə]
oehoe (de)	hornugle (f)	['hoɐ̯nˌuːlə]
auerhoen (het)	tjur (f)	['tjuɐ̯ˀ]
korhoen (het)	urfugl (f)	['uɐ̯ˌfuˀl]
patrijs (de)	agerhøne (f)	['æˀjʌˌhœːnə]

spreeuw (de)	stær (f)	['stɛˀɐ̯]
kanarie (de)	kanariefugl (f)	[kaˈnɑˀjəˌfuˀl]
hazelhoen (het)	hjerpe, jærpe (f)	['jæɐ̯pə]

| vink (de) | bogfinke (f) | ['bɔwˌfeŋkə] |
| goudvink (de) | dompap (f) | ['dɔmˌpap] |

meeuw (de)	måge (f)	['mɔːwə]
albatros (de)	albatros (f)	['albaˌtʁʌs]
pinguïn (de)	pingvin (f)	[peŋˈviˀn]

139. Vis. Zeedieren

brasem (de)	brasen (f)	['bʁɑˀsən]
karper (de)	karpe (f)	['kɑ:pə]
baars (de)	aborre (f)	['aˌbɒ:ɒ]
meerval (de)	malle (f)	['malə]
snoek (de)	gedde (f)	['geðə]

zalm (de)	laks (f)	['lɑks]
steur (de)	stør (f)	['støˀɐ̯]

haring (de)	sild (f)	['silˀ]
atlantische zalm (de)	atlantisk laks (f)	[at'lanˀtisk 'lɑks]
makreel (de)	makrel (f)	[mɑ'kʁal ˀ]
platvis (de)	rødspætte (f)	['ʁœðˌspɛtə]

snoekbaars (de)	sandart (f)	['sanˌɑˀt]
kabeljauw (de)	torsk (f)	['tɒ:sk]
tonijn (de)	tunfisk (f)	['tu:nˌfesk]
forel (de)	ørred (f)	['œɐ̯ʌð]

paling (de)	ål (f)	['ɔˀl]
sidderrog (de)	elektrisk rokke (f)	[e'lɛktʁisk 'ʁʌkə]
murene (de)	muræne (f)	[mu'ʁɛ:nə]
piranha (de)	piraya (f)	[pi'ʁɑja]

haai (de)	haj (f)	['hɑjˀ]
dolfijn (de)	delfin (f)	[dɛl'fiˀn]
walvis (de)	hval (f)	['væˀl]

krab (de)	krabbe (f)	['kʁabə]
kwal (de)	gople, meduse (f)	['gʌplə], [me'du:sə]
octopus (de)	blæksprutte (f)	['blɛkˌspʁutə]

zeester (de)	søstjerne (f)	['søˌstjæɐ̯nə]
zee-egel (de)	søpindsvin (i)	['sø 'penˌsviˀn]
zeepaardje (het)	søhest (f)	['søˌhɛst]

oester (de)	østers (f)	['østʌs]
garnaal (de)	reje (f)	['ʁajə]
kreeft (de)	hummer (f)	['hɔmˀʌ]
langoest (de)	languster (f)	[lɑŋ'gustʌ]

140. Amfibieén. Reptielen

slang (de)	slange (f)	['slɑŋə]
giftig (slang)	giftig	['gifti]

adder (de)	hugorm (f)	['hɔgˌɒɐ̯ˀm]
cobra (de)	kobra (f)	['ko:bʁa]
python (de)	pyton (f)	['pytʌn]
boa (de)	boa (f)	['bo:a]
ringslang (de)	snog (f)	['snoˀ]

| ratelslang (de) | klapperslange (f) | ['klapʌˌslaŋə] |
| anaconda (de) | anakonda (f) | [anaˈkʌnda] |

hagedis (de)	firben (i)	[ˈfiɡ̊ˈbeˀn]
leguaan (de)	leguan (f)	[leguˈæˀn]
varaan (de)	varan (f)	[vɑˈʁɑˀn]
salamander (de)	salamander (f)	[salaˈmanˀdʌ]
kameleon (de)	kamæleon (f)	[kaməleˈoˀn]
schorpioen (de)	skorpion (f)	[skɒpiˈoˀn]

schildpad (de)	skildpadde (f)	[ˈskelˌpaðə]
kikker (de)	frø (n)	[ˈfʁœˀ]
pad (de)	tudse (f)	[ˈtusə]
krokodil (de)	krokodille (f)	[kʁokəˈdilə]

141. Insecten

insect (het)	insekt (i)	[ənˈsɛkt]
vlinder (de)	sommerfugl (f)	[ˈsʌmʌˌfuˀl]
mier (de)	myre (f)	[ˈmyːʌ]
vlieg (de)	flue (f)	[ˈfluːə]
mug (de)	stikmyg (f)	[ˈstekˌmyɡ]
kever (de)	bille (f)	[ˈbilə]

wesp (de)	hveps (f)	[ˈvɛps]
bij (de)	bi (i)	[ˈbiˀ]
hommel (de)	humlebi (f)	[ˈhɔmləˌbiˀ]
horzel (de)	bremse (f)	[ˈbʁamsə]

| spin (de) | edderkop (f) | [ˈɛðˀʌˌkʌp] |
| spinnenweb (het) | edderkoppespind (i) | [ˈɛðˀʌkʌpəˌsbenˀ] |

libel (de)	guldsmed (f)	[ˈɡulˌsmeð]
sprinkhaan (de)	græshoppe (f)	[ˈɡʁasˌhʌpə]
nachtvlinder (de)	natsværmer (f)	[ˈnatˌsvæɡ̊ˀmʌ]

kakkerlak (de)	kakerlak (f)	[kakʌˈlak]
mijt (de)	flåt, mide (f)	[ˈflɔˀt], [ˈmiːðə]
vlo (de)	loppe (f)	[ˈlʌpə]
kriebelmug (de)	kvægmyg (f)	[ˈkvɛjˌmyɡ]

treksprinkhaan (de)	vandregræshoppe (f)	[ˈvandʁʌ ˈɡʁasˌhʌpə]
slak (de)	snegl (f)	[ˈsnɑjˀl]
krekel (de)	fårekylling (f)	[ˈfɔːɒˌkyleŋ]
glimworm (de)	ildflue (f)	[ˈilfluːə]
lieveheersbeestje (het)	mariehøne (f)	[mɑˈʁiˀəˌhœːnə]
meikever (de)	oldenborre (f)	[ˈʌlənˌbɒːɒ]

bloedzuiger (de)	igle (f)	[ˈiːlə]
rups (de)	sommerfuglelarve (f)	[ˈsʌmʌˌfuːlə ˈlɑːvə]
aardworm (de)	regnorm (f)	[ˈʁɑjnˌɒɡ̊ˀm]
larve (de)	larve (f)	[ˈlɑːvə]

Flora

142. Bomen

boom (de)	træ (i)	['tʁɛʔ]
loof- (abn)	løv-	['løw-]
dennen- (abn)	nåle-	['nɔlə-]
groenblijvend (bn)	stedsegrønt, eviggrønt	['stɛðsə̩gʁœnʔt], ['eːviˌgʁœnʔt]
appelboom (de)	æbletræ (i)	['ɛʔbləˌtʁɛʔ]
perenboom (de)	pæretræ (i)	['pɛʌˌtʁɛʔ]
zoete kers (de)	moreltræ (i)	[moˈʁalˌtʁɛʔ]
zure kers (de)	kirsebærtræ (i)	['kiɐ̯səbæɐ̯ˌtʁɛʔ]
pruimelaar (de)	blommetræ (i)	['blʌməˌtʁɛʔ]
berk (de)	birk (f)	['biɐ̯k]
eik (de)	eg (f)	['eʔj]
linde (de)	lind (f)	['lenʔ]
esp (de)	asp (f)	['asp]
esdoorn (de)	løn (f), ahorn (f)	['lœnʔ], ['aˌhoɐ̯ʔn]
spar (de)	gran (f)	['gʁan]
den (de)	fyr (f)	['fyɐ̯ʔ]
lariks (de)	lærk (f)	['læɐ̯k]
zilverspar (de)	ædelgran (f)	['ɛʔðelˌgʁan]
ceder (de)	ceder (f)	['seːðʌ]
populier (de)	poppel (f)	['pʌpəl]
lijsterbes (de)	røn (f)	['ʁœnʔ]
wilg (de)	pil (f)	['piʔl]
els (de)	el (f)	['ɛl]
beuk (de)	bøg (f)	['bøʔj]
iep (de)	elm (f)	['ɛlʔm]
es (de)	ask (f)	['ask]
kastanje (de)	kastanie (i)	[kaˈstanjə]
magnolia (de)	magnolie (f)	[mɑwˈnoʔljə]
palm (de)	palme (f)	['palmə]
cipres (de)	cypres (f)	[syˈpʁas]
mangrove (de)	mangrove (f)	[mɑŋˈgʁoːvə]
baobab (apenbroodboom)	baobabtræ (i)	[baoˈbabˌtʁɛʔ]
eucalyptus (de)	eukalyptus (f)	[œwkaˈlyptus]
mammoetboom (de)	sequoia (f), rødtræ (i)	[sekˈwojə], ['ʁœðˌtʁɛʔ]

143. Heesters

struik (de)	busk (f)	['busk]
heester (de)	buskads (i)	[buˈskæʔs]

| wijnstok (de) | vinranke (f) | ['viːnˌʁɑŋkə] |
| wijngaard (de) | vingård (f) | ['viːnˌgɒˀ] |

frambozenstruik (de)	hindbærbusk (f)	['henbæɐ̯ˌbusk]
zwarte bes (de)	solbærbusk (f)	['soːlbæɐ̯ˌbusk]
rode bessenstruik (de)	ribsbusk (f)	['ʁɛbsˌbusk]
kruisbessenstruik (de)	stikkelsbær (i)	['stekəlsˌbæɐ̯]

acacia (de)	akacie (f)	[a'kæˀɕə]
zuurbes (de)	berberis (f)	['bæɐ̯ˀbʌʁis]
jasmijn (de)	jasmin (f)	[ɕas'miˀn]

jeneverbes (de)	ene (f)	['eːnə]
rozenstruik (de)	rosenbusk (f)	['ʁoːsənˌbusk]
hondsroos (de)	Hunde-Rose (f)	['hunə-'ʁoːsə]

144. Vruchten. Bessen

vrucht (de)	frugt (f)	['fʁɔgt]
vruchten (mv.)	frugter (f pl)	['fʁɔgtʌ]
appel (de)	æble (i)	['ɛˀblə]
peer (de)	pære (f)	['pɛˀʌ]
pruim (de)	blomme (f)	['blʌmə]

aardbei (de)	jordbær (i)	['joɐ̯ˌbæɐ̯]
zure kers (de)	kirsebær (i)	['kiɐ̯səˌbæɐ̯]
zoete kers (de)	morel (f)	[mo'ʁalˀ]
druif (de)	drue (f)	['dʁuːə]

framboos (de)	hindbær (i)	['henˌbæɐ̯]
zwarte bes (de)	solbær (i)	['soːlˌbæɐ̯]
rode bes (de)	ribs (i, f)	['ʁɛbs]
kruisbes (de)	stikkelsbær (i)	['stekəlsˌbæɐ̯]
veenbes (de)	tranebær (i)	['tʁɑːnəˌbæɐ̯]

sinaasappel (de)	appelsin (f)	[apəl'siˀn]
mandarijn (de)	mandarin (f)	[mandɑ'ʁiˀn]
ananas (de)	ananas (f)	['ananas]

| banaan (de) | banan (f) | [ba'næˀn] |
| dadel (de) | daddel (f) | ['daðˀəl] |

citroen (de)	citron (f)	[si'tʁoˀn]
abrikoos (de)	abrikos (f)	[abʁi'koˀs]
perzik (de)	fersken (f)	['fæɐ̯skən]

| kiwi (de) | kiwi (f) | ['kiːvi] |
| grapefruit (de) | grapefrugt (f) | ['gʁɛjpˌfʁɔgt] |

bes (de)	bær (i)	['bæɐ̯]
bessen (mv.)	bær (i pl)	['bæɐ̯]
vossenbes (de)	tyttebær (i)	['tytəˌbæɐ̯]
bosaardbei (de)	skovjordbær (i)	['skɒw 'joɐ̯ˌbæɐ̯]
bosbes (de)	blåbær (i)	['blɔˀˌbæɐ̯]

145. Bloemen. Planten

bloem (de)	blomst (f)	['blʌmˀst]
boeket (het)	buket (f)	[buˈkɛt]
roos (de)	rose (f)	[ˈʁoːsə]
tulp (de)	tulipan (f)	[tuliˈpæˀn]
anjer (de)	nellike (f)	[ˈnelˀəkə]
gladiool (de)	gladiolus (f)	[gladiˈoːlus]
korenbloem (de)	kornblomst (f)	[ˈkoɡnˌblʌmˀst]
klokje (het)	blåklokke (f)	[ˈblʌˌklʌkə]
paardenbloem (de)	mælkebøtte, løvetand (f)	[ˈmɛlkəˌbøtə], [ˈløːvəˌtanˀ]
kamille (de)	kamille (f)	[kaˈmilə]
aloë (de)	aloe (f)	[ˈæˀloˌeˀ]
cactus (de)	kaktus (f)	[ˈkaktus]
ficus (de)	ficus, stuebirk (f)	[ˈfikus], [ˈstuːəˌbiɐ̯k]
lelie (de)	lilje (f)	[ˈliljə]
geranium (de)	geranie (f)	[geˈʁaˀnjə]
hyacint (de)	hyacint (f)	[hyaˈsenˀt]
mimosa (de)	mimose (f)	[miˈmoːsə]
narcis (de)	narcis (f)	[nɑˈsiːs]
Oostindische kers (de)	blomsterkarse (f)	[ˈblʌmˀstʌˌkaːsə]
orchidee (de)	orkide, orkidé (f)	[ɒkiˈdeˀ]
pioenroos (de)	pæon (f)	[pɛˈoˀn]
viooltje (het)	viol (f)	[viˈoˀl]
driekleurig viooltje (het)	stedmoderblomst (f)	[ˈstɛmoɐ̯ˌblʌmˀst]
vergeet-mij-nietje (het)	forglemmigej (f)	[fʌˈglɛmˀmaˌaj ˀ]
madeliefje (het)	tusindfryd (f)	[ˈtusənˌfʁyð ˀ]
papaver (de)	valmue (f)	[ˈvalˌmuːə]
hennep (de)	hamp (f)	[ˈhamˀp]
munt (de)	mynte (f)	[ˈmøntə]
lelietje-van-dalen (het)	liljekonval (f)	[ˈliljə kɔnˈvalˀ]
sneeuwklokje (het)	vintergæk (f)	[ˈventʌˌgɛk]
brandnetel (de)	nælde (f)	[ˈnɛlə]
veldzuring (de)	syre (f)	[ˈsyːʌ]
waterlelie (de)	åkande, nøkkerose (f)	[ˈɔˀkanə], [ˈnøkəˌʁoːsə]
varen (de)	bregne (f)	[ˈbʁajnə]
korstmos (het)	lav (f)	[ˈlaw]
oranjerie (de)	drivhus (i)	[ˈdʁiwˌhuˀs]
gazon (het)	græsplæne (f)	[ˈgʁasˌplɛːnə]
bloemperk (het)	blomsterbed (i)	[ˈblʌmˀstʌˌbeð]
plant (de)	plante (f)	[ˈplantə]
gras (het)	græs (i)	[ˈgʁas]
grasspriet (de)	græsstrå (i)	[ˈgʁasˌstʁɔˀ]

blad (het)	blad (i)	['blað]
bloemblad (het)	kronblad (i)	['krɔnˌblað]
stengel (de)	stilk (f)	['stelʔk]
knol (de)	rodknold (f)	['ʁoðˌknʌlʔ]
scheut (de)	spire (f)	['spi:ʌ]
doorn (de)	torn (f)	['toɐ̯ʔn]
bloeien (ww)	at blomstre	[ʌ 'blʌmstʁʌ]
verwelken (ww)	at visne	[ʌ 'vesnə]
geur (de)	lugt (f)	['lɔgt]
snijden (bijv. bloemen ~)	at skære af	[ʌ 'skɛ:ʌ 'æʔ]
plukken (bloemen ~)	at plukke	[ʌ 'plɔkə]

146. Granen, graankorrels

graan (het)	korn (i)	['koɐ̯ʔn]
graangewassen (mv.)	kornsorter (f pl)	['koɐ̯nˌsɒ:tʌ]
aar (de)	aks (i)	['ɑks]
tarwe (de)	hvede (f)	['ve:ðə]
rogge (de)	rug (f)	['ʁuʔ]
haver (de)	havre (f)	['hɑwʁʌ]
gierst (de)	hirse (f)	['hiɐ̯sə]
gerst (de)	byg (f)	['byg]
maïs (de)	majs (f)	['mɑjʔs]
rijst (de)	ris (f)	['ʁiʔs]
boekweit (de)	boghvede (f)	['bɔwˌve:ðə]
erwt (de)	ært (f)	['æɐ̯ʔt]
boon (de)	bønne (f)	['bœnə]
soja (de)	soja (f)	['sʌja]
linze (de)	linse (f)	['lensə]
bonen (mv.)	bønner (f pl)	['bœnʌ]

LANDEN. NATIONALITEITEN

147. West-Europa

Europa (het)	Europa	[œw'ʁoːpa]
Europese Unie (de)	Den Europæiske Union	[dən œwʁo'pɛʔiskə uni'oʔn]
Oostenrijk (het)	Østrig	['østʁi]
Groot-Brittannië (het)	Storbritannien	['stoʁ bʁiˌtaniən]
Engeland (het)	England	['ɛŋʔlan]
België (het)	Belgien	['bɛlʔgjən]
Duitsland (het)	Tyskland	['tysklanʔ]
Nederland (het)	Nederlandene	['neːðʌˌlɛnnə]
Holland (het)	Holland	['hʌlanʔ]
Griekenland (het)	Grækenland	['gʁɛːkənlanʔ]
Denemarken (het)	Danmark	['dænmɑk]
Ierland (het)	Irland	['iɐ̯lanʔ]
IJsland (het)	Island	['islanʔ]
Spanje (het)	Spanien	['spæʔnjən]
Italië (het)	Italien	[i'tæljən]
Cyprus (het)	Cypern	['kypɒn]
Malta (het)	Malta	['malta]
Noorwegen (het)	Norge	['nɒːw]
Portugal (het)	Portugal	['pɒːtugəl]
Finland (het)	Finland	['fenlan]
Frankrijk (het)	Frankrig	['fʁɑŋkʁi]
Zweden (het)	Sverige	['svɛʁiʔ]
Zwitserland (het)	Schweiz	['svɑjts]
Schotland (het)	Skotland	['skɒtlanʔ]
Vaticaanstad (de)	Vatikanstaten	['vateˌkæːn 'stæʔtən]
Liechtenstein (het)	Liechtenstein	['liːktənʃtɑjn]
Luxemburg (het)	Luxembourg	['lygsəmˌbɒː]
Monaco (het)	Monaco	[mo'nɑko]

148. Centraal- en Oost-Europa

Albanië (het)	Albanien	[al'bæʔnjən]
Bulgarije (het)	Bulgarien	[bul'gɑːiən]
Hongarije (het)	Ungarn	['ɔŋgɑʔn]
Letland (het)	Letland	['lɛtlanʔ]
Litouwen (het)	Litauen	['liˌtɑwʔən]
Polen (het)	Polen	['poːlæn]

Roemenië (het)	Rumænien	[ʁu'mɛʔnjən]
Servië (het)	Serbien	['sæɡʔbiən]
Slowakije (het)	Slovakiet	[slova'kiːəð]
Kroatië (het)	Kroatien	[kʁo'æʔtiən]
Tsjechië (het)	Tjekkiet	['tjɛˌkieð]
Estland (het)	Estland	['ɛstlan]
Bosnië en Herzegovina (het)	Bosnien-Herzegovina	['bosniən hæɡsəgoʔviːna]
Macedonië (het)	Makedonien	[mɑkə'doːnjən]
Slovenië (het)	Slovenien	[slo've:njən]
Montenegro (het)	Montenegro	['mɔntəˌnɛgʁə]

149. Voormalige USSR landen

Azerbeidzjan (het)	Aserbajdsjan	[asæɡbɑj'djæʔn]
Armenië (het)	Armenien	[ɑ'meʔnjən]
Wit-Rusland (het)	Hviderusland	['viːðəˌʁuslanʔ]
Georgië (het)	Georgien	[ge'ɒʔgjən]
Kazakstan (het)	Kasakhstan	[ka'sɑkˌstan]
Kirgizië (het)	Kirgisistan	[kiɡ'gisiˌstan]
Moldavië (het)	Moldova	[mʌl'doʔva]
Rusland (het)	Rusland	['ʁuslanʔ]
Oekraïne (het)	Ukraine	[ukʁɑ'iʔnə]
Tadzjikistan (het)	Tadsjikistan	[ta'dɕikiˌstan]
Turkmenistan (het)	Turkmenistan	[tuɡk'meʔniˌstan]
Oezbekistan (het)	Usbekistan	[us'bekiˌstan]

150. Azië

Azië (het)	Asien	['æʔɕən]
Vietnam (het)	Vietnam	['vjɛtnɑm]
India (het)	Indien	['endjən]
Israël (het)	Israel	[isʁɑːəl]
China (het)	Kina	['kiːna]
Libanon (het)	Libanon	['liːbanɒn]
Mongolië (het)	Mongoliet	[mʌŋgo'lieð]
Maleisië (het)	Malaysia	[ma'lɑjɕiʌ]
Pakistan (het)	Pakistan	['pɑkiˌstan]
Saoedi-Arabië (het)	Saudi-Arabien	['sawdi ɑ'ʁɑːbjən]
Thailand (het)	Thailand	['tɑjlɛnʔ]
Taiwan (het)	Taiwan	['tɑjˌvæʔn]
Turkije (het)	Tyrkiet	[tyɡkiːəð]
Japan (het)	Japan	['jaːpæn]
Afghanistan (het)	Afghanistan	[ɑw'gæʔniˌstan]
Bangladesh (het)	Bangladesh	[bɑngla'dɛɕ]

| Indonesië (het) | Indonesien | [endo'neːɕən] |
| Jordanië (het) | Jordan | ['joɐ̯dan] |

Irak (het)	Irak	['iʁak]
Iran (het)	Iran	['iʁan]
Cambodja (het)	Cambodja	[kæːm'boða]
Koeweit (het)	Kuwait	[ku'vɑjt]

Laos (het)	Laos	['læːɒs]
Myanmar (het)	Myanmar	[mjanmɐ̯]
Nepal (het)	Nepal	['nepalˀ]
Verenigde Arabische Emiraten	Forenede Arabiske Emirater	[fʌ'enəðə ɑ'ʁɑˀbiskə emi'ʁɑˀtʌ]

| Syrië (het) | Syrien | ['syʁiən] |
| Palestijnse autonomie (de) | Palæstina | [palə'stinɛnə] |

| Zuid-Korea (het) | Sydkorea | ['syð ko'ʁɛːa] |
| Noord-Korea (het) | Nordkorea | ['noɐ̯ ko'ʁɛːa] |

151. Noord-Amerika

Verenigde Staten van Amerika	De Forenede Stater	[di fʌ'enəðə 'stæˀtʌ]
Canada (het)	Canada	['kanæˀda]
Mexico (het)	Mexiko	['mɛksiko]

152. Midden- en Zuid-Amerika

Argentinië (het)	Argentina	[ɑgɛn'tiˀna]
Brazilië (het)	Brasilien	[bʁɑ'siljən]
Colombia (het)	Colombia	[ko'lɔmbja]

| Cuba (het) | Cuba | ['kuːba] |
| Chili (het) | Chile (i) | ['tjiːlə] |

| Bolivia (het) | Bolivia | [bo'livia] |
| Venezuela (het) | Venezuela | [venəsu'eːla] |

| Paraguay (het) | Paraguay | [pɑːɑg'wʌj] |
| Peru (het) | Peru | [pe'ʁuː] |

Suriname (het)	Surinam	['suʁiˌnɑm]
Uruguay (het)	Uruguay	[uʁug'wɑj]
Ecuador (het)	Ecuador	[ekwa'doˀɐ̯]

| Bahama's (mv.) | Bahamas | [ba'haˀmas] |
| Haïti (het) | Haiti | [hɑitiː] |

Dominicaanse Republiek (de)	Dominikanske Republik	[domini'kæːnskə ʁɛpu'blik]
Panama (het)	Panama	['panamə]
Jamaica (het)	Jamaica	[ɕa'mɑjka]

153. Afrika

Egypte (het)	Egypten	[ɛ'gyptən]
Marokko (het)	Marokko	[mɑ'roko]
Tunesië (het)	Tunis	['tuːnis]
Ghana (het)	Ghana	['ganə]
Zanzibar (het)	Zanzibar	['saːnsibɑː]
Kenia (het)	Kenya	['kɛnja]
Libië (het)	Libyen	['liːbjən]
Madagaskar (het)	Madagaskar	[mada'gæskɑ]
Namibië (het)	Namibia	[na'mibia]
Senegal (het)	Senegal	[seːnəgæːl]
Tanzania (het)	Tanzania	['tansaˌniæ]
Zuid-Afrika (het)	Sydafrika	['syð ˌafʁika]

154. Australië. Oceanië

Australië (het)	Australien	[ɑw'stʁɑˀljən]
Nieuw-Zeeland (het)	New Zealand	[njuː'siːlanˀ]
Tasmanië (het)	Tasmanien	[tas'maniːən]
Frans-Polynesië	Fransk Polynesien	['fʁanˀsk poly'neˀɕən]

155. Steden

Amsterdam	Amsterdam	['amstɒˌdam]
Ankara	Ankara	['ɑnkɑˀʁɑ]
Athene	Athen	[a'tiːn]
Bagdad	Bagdad	['bɑwdað]
Bangkok	Bangkok	['bɑŋkɒk]
Barcelona	Barcelona	[basə'loːnæ]
Beiroet	Beirut	['bæiˀˌʁut]
Berlijn	Berlin	[bæɐ̯'liˀn]
Boedapest	Budapest	['budapɛst]
Boekarest	Bukarest	['bɔkɑːast]
Bombay, Mumbai	Bombay	['bɔmbəj]
Bonn	Bonn	['bɔn]
Bordeaux	Bordeaux	['boˀdoˀ]
Bratislava	Bratislava	[bʁati'slæːvə]
Brussel	Bruxelles	['bʁysɛl]
Caïro	Cairo	['kajʁo]
Calcutta	Calcutta	[kæl'kʌta]
Chicago	Chicago	[ɕi'kɑːgo]
Dar Es Salaam	Dar es-Salaam	['dɑːɛs saˌlɑˀm]
Delhi	Delhi	[dɛ'li]
Den Haag	Haag	['hæˀj]

Dubai	Dubai	['dubɑj]
Dublin	Dublin	['dɒblin]
Düsseldorf	Düsseldorf	['dʉsəlˌdɒːf]
Florence	Firenze	[fi'ʁansə]

Frankfort	Frankfurt	['fʁɑŋkfuɒt]
Genève	Geneve	[ɕe'nɛːvə]
Hamburg	Hamburg	['hæːmbœːg]
Hanoi	Hanoi	['hanɒj]
Havana	Havanna	[hæ'vana]

Helsinki	Helsingfors	['hɛlsenˌfɔːs]
Hiroshima	Hiroshima	[hiʁo'ɕiːma]
Hongkong	Hongkong	['hʌŋˌkɒŋ]
Istanbul	Istanbul	['istanbul]
Jeruzalem	Jerusalem	[je'ʁusalɛm]
Kiev	Kijev	['kijəw]

Kopenhagen	København	['købenˌhawˀn]
Kuala Lumpur	Kuala Lumpur	[ku'ala lɔm'puɒ]
Lissabon	Lissabon	['lisabɒn]
Londen	London	['lɔnˌdɔn]
Los Angeles	Los Angeles	[ˌlɒs'ænʒələs]

Lyon	Lyon	[li'ɔŋ]
Madrid	Madrid	[ma'dʁið]
Marseille	Marseille	[mɑː'sɛj]
Mexico-Stad	Mexico City	['mɛgsiko 'siti]
Miami	Miami	[mʌ'ɛmi]

Montreal	Montreal	[mɒntʁeel]
Moskou	Moskva	[mo'skvɛ]
München	München	['mʉnɕən]
Nairobi	Nairobi	[nɑj'ʁoːbi]
Napels	Neapel	[nə'apəl]

New York	New York	[nju:'jɔːk]
Nice	Nice	['niːs]
Oslo	Oslo	['oslu]
Ottawa	Ottawa	['ɔːtəwə]
Parijs	Paris	[pɑ'ʁiːs]

Peking	Beijing	['bɛjdʒiŋ]
Praag	Prag	['pʁɑːw]
Rio de Janeiro	Rio de Janeiro	['ʁiːo de ʒa'neːjʁo]
Rome	Rom	['ʁoˀm]
Seoel	Seoul	[sœ'uːl]
Singapore	Singapore	['seŋgapɒː]

Sint-Petersburg	Sankt Petersborg	[ˌsɑŋt 'peˀtʌsbɐ̩]
Sjanghai	Shanghai	['ɕɑnhɑj]
Stockholm	Stockholm	['stɒkhɒlm]
Sydney	Sydney	['sidni]
Taipei	Taipei	['tajpæj]
Tokio	Tokyo	['tokjo]
Toronto	Toronto	[toˀʁnto]

Venetië	**Venedig**	[ve'neːdiˀ]
Warschau	**Warszawa**	[wɑ'ɕæːva]
Washington	**Washington**	['wɒɕeŋtɒn]
Wenen	**Wien**	['viˀn]

www.ingramcontent.com/pod-product-compliance
Lightning Source LLC
Chambersburg PA
CBHW070552050426
42450CB00011B/2835